做小事凭技巧 做大事靠智慧

在生存中立足的总纲，在竞争中胜出的宝典

ZUOXIAOSHI
PINGJIQIAO ZUODASHI KAOZHIHUI

孙 朦■著

中国文史出版社

图书在版编目（C I P）数据

做小事凭技巧，做大事靠智慧 / 孙朦著．-- 北京：中国文史出版社，2014.10

ISBN 978-7-5034-5481-3

Ⅰ．①做… Ⅱ．①孙… Ⅲ．①心理交往－通俗读物 Ⅳ．① C912.1-49

中国版本图书馆 CIP 数据核字 (2014) 第 246257 号

责任编辑：戴小璇

封面设计：孙希前

出版发行：中国文史出版社

网　　址：www.chinawenshi.net

社　　址：北京市西城区太平桥大街 23 号　邮编：100811

电　　话：010-66173572　66168268　66192736（发行部）

传　　真：010-66192703

印　　装：三河德利印刷有限公司

经　　销：全国新华书店

开　　本：16

印　　张：16.75　　字数：245 千字

版　　次：2014 年 12 月北京第 1 版

印　　次：2014 年 12 月第 1 次印刷

定　　价：33.00 元

前言

人生在世，必然要与他人交往，能否拥有良好的人际关系在一定程度上与人们的社交技巧有着很大的关系。懂社交操纵术的人，不仅能够调适自己在社交上的难题，还能应技巧探知别人的心理，从而让对方感觉到被理解和支持，这种惺惺相惜的心灵沟通一定能帮助你构建一个良好的人际关系网。

兵法有云："凡用兵之道，以计为首。未战之时，先料将之贤愚，敌之强弱，兵之众寡，地之险易，粮之虚实。计料已审，然后出兵，无有不胜。"现代的人际交往如同古代的行军打仗，都需要懂点操纵术。操纵术是现代社会中应用最广泛的知识，可以说它就像一座灯塔，能够指引人们探索人心的奥秘。

一位名人曾说过："欲成天下之大事，须夺天下人之心。"交际高手之所以能够在社会交往中做到游刃有余，操纵才是王道。这是因为了解到对方的需求和弱点，你才能在交往中"对症下药"，打动对方，化敌为友，这便是操纵的最后目标，反之，人际关系中的矛盾、冲突一般都来自于不了解对方。

人际交往中，说话办事都与日常生活有着千丝万缕的关系，掌握社交知识往往能够化解社会交际中的诸多矛盾，让你顺利成为职场、商场、亲友圈中最有分量、最受欢迎的人。

本书从人们在社交中常常遇到的难题入手，运用多种社交知识,结合生活案例,详细分析了社会交际和为人处世中可能遇到的各种现象,并提供了简便的解决思路与方法。

本书立足于认识自我,了解他人,目的是让你掌握能够派上用场的社交战术和策略,迅速成为能说会道且有眼力和心力的交际高手,实现自己辉煌的人生计划,获得事业和生活上的成功。

本书引用了大量鲜活、真实的案例,集可读性、实用性与科学性为一体,全面介绍了适用于职场、商场和家庭中的社交知识。巧妙灵活地运用这些知识和方法,就能够轻而易举地影响他人,从而达到你的目的,这便是本书主导的操纵战术。

低调做人，高调做事

巧妙地与人拉近关系

化解交际中的难题

巧妙化解别人的难处

与人交往从“心”开始

与各种各样的人交往

战胜自己成就社交

社交礼仪很重要

家人交往也要花心思

同事交往方圆有道

第一章

低调做人，高调做事

得理更要饶人

社会交往应该学会得理饶人,要有主动“让道”精神。在与他人交往中,常常会因为个性、脾气、爱好、要求的不统一,价值观念的差异产生矛盾或冲突,此时我们应记住一位哲人的话:“航行中有一条公认的规则,操纵灵敏的船应该给不太灵敏的船让道。我认为,这在人与人的关系中也是应遵循的一条规律。”

古人云:“冤冤相报何时了,得饶人处且饶人。”这是一种宽容、博大的胸怀,一种不拘小节的潇洒,一种伟大的仁慈。为人处世,当以宽大为怀。生活在相互宽容的环境中,是人生的幸福,会使你忘却烦恼,忘却痛苦。

宽容是一种处世哲学,也是人的一种较高的思想境界。学会宽容别人,也就懂得了宽容自己。

一位女子在走路时吐了口痰,因风的作用刮到一个小伙子的裤子上了,该女子看到后慌忙道歉,并从包里掏出面巾纸要擦去小伙子裤上的痰。但小伙子恼怒地不肯让她擦,并声言:“你给我舔!”女子再三赔礼:“对不起!对不起!让我给你擦去,好吗?”但他执意不让她擦,就是让她舔。就这样,街上围上看热闹的人越来越多。最后惹得女子大怒,从包里掏出一沓钱,当场喊道:“大家听着,谁能把这个家伙当场摆平了,这些钱就归谁!”话音刚落,人群中闪出两个健壮的男人,对着那不依不饶的小伙子就是一阵拳脚,他被踢翻在地,等站起来找那女子时,那女子和打他的人早已无影无踪。

我们不难看出，如果小伙子给女子一点面子，也不会被打。不给别人留台阶，最后自己也会没有台阶可下。所以，做人要得饶人处且饶人，给人留个台阶，也是给你自己留条退路。

人不讲理，是一个缺点；人硬讲理，是一个盲点。理直气“和”远比理直气“壮”更能说服和改变他人。

知退不是每个人性格中的必然因素，只有大智者才能悟到做到。换句话说，知退是一个人严谨性格的表现。每个人的智慧、经验、价值观、生活背景都不相同，因此与人相处，争斗难免——不管是利益上的争斗或有关是非的争斗。争斗在竞争激烈的商业社会尤其明显。

芳芳是一家杂志社的摄影师，由于她曾在美国呆过一段时间，行事有些洋派，在那作风保守的杂志社里显得有些格格不入。偏偏她个性散漫，又常做错事，总编辑早就看她不顺眼，只因她是老板朋友的女儿，所以只好对她睁一只眼，闭一只眼。

有一天，为了一些照片，总编辑和芳芳起了冲突，众人见战火引燃，纷纷过去围观，你一言我一语地加入战争。芳芳一舌难敌众口，掩面而逃。之后众人还不约而同地联合起来打击她，挑她照片的毛病，批评她偶尔的迟到早退。后来，她辞职了。不久后总编辑被辞退了。

俗话说，人非圣贤，孰能无过。每个人都难免会偶有过失，因此都有需要别人原谅的时候。

在社交活动中，不妨学一点给人“台阶下”的技巧，以使你能适时地为陷入尴尬境地的对方提供一个恰当的“台阶”，使他不丢面子。这不仅能使你获得对方的好感，而且有助于树立良好的社交形象。

《菜根谭》中指出，“径路窄处，留一步与人行；滋味浓的，减三分让人尝。此是涉世一极安乐法”。这句话旨在说明谦让的美德。凡事让步，表面上看好像是吃亏，但事实上由此获得的必然比失去的多。

人们往往把大海比作宽广的胸怀，因为大海能广纳百川，也不拒暴雨和巨浪；也有人把忍耐性比作弹簧，弹簧具有能屈能伸的韧性。在单位或集体中工作学习，难免会产生一些意见或矛盾。经常为一些鸡毛蒜皮的小事争得面红耳赤，谁都不肯甘拜下风，以致大打出手，既伤了和气，又造成恶劣影响。事后静下心来想想，当时若能忍让三分，自会风平浪静，大事化小，小事化了。事实上，越是有理的人，表现得越谦让，越能显示出他胸襟坦荡，富有修养，越能得到他人的钦佩。

编者小语

年轻气盛的人可以因为一句口角，纠缠不休，如余秋雨老师这般，就算有人诋毁自己，依然可以淡然面对，一笑置之。但无论是怎样的尺度，“得理且饶人”在当时似是难以做到，但在时过境迁之后，偶然再想起，便能深刻体会：给人宽容，也是对自己心灵的一种善待。

退一步海阔天空

在我们做某件事时，如果情况对自己不利，再要继续下去很可能惨遭挫败，甚至丢了性命。那就必须考虑如何全身而退，常言道：留得青山在，不怕没柴烧。此时，必须当机立断，绝不可拖泥带水，这最能反映出你的功力深浅。

第一，要仔细分清形势是否有利，慎之又慎地作出是否退让的决定。

因为，退让毕竟是一种退而求其次的手段，是为保存实力、不得已而为之的消极行动。假如形势并非很危险，再坚持一下就会成功，就绝不要轻言退让。

武则天十四岁时便已艳名远扬，被唐太宗召入宫中，不久封为才人，又因性情柔媚无比，唐太宗赐号“武媚”。当时宫中观测天象的大臣纷纷警告唐太宗，说唐皇朝将遭“女祸”之乱，有一个女人将代李姓为唐朝皇帝。种种迹象表明此女人多半姓武，而且已入宫中。唐太宗为子孙后代着想，把姓武之人逐一检点。并给予可靠的安置，但对于武媚娘，由于爱之刻骨，始终不忍加以处置。

唐太宗受方士蒙蔽，大服丹丸，虽一时精神陡长，纵欲尽兴，但过不多久，便身形槁枯，行将就木了。武则天此时风华正茂，一旦唐太宗离世，便要老死深宫，所以她时时留心择靠新枝的机会。太子李治见武则天貌若天仙，仰羡异常。

两人一拍即合，山盟海誓，只等唐太宗撒手人世，便可仿效比翼鸳鸯了。

第二,情况不妙时,必须当机立断,主动退让。

当唐太宗自知将死时,还不忘如何确保李家江山的千秋万代,要让颇有嫌疑的武则天跟随自己一同去见阎罗王。临死之前,李治和武则天都在他床边,他当着太子李治的面问武媚娘:“朕这次患病,一直医治无效,病情日日加重,眼看着起不来了。你在朕身边已有不少时日,朕实在不忍心撇你而去。你不妨自己想一想,朕死之后,你该如何自处呢?”

武媚娘是冰雪聪明之人,哪还听不出自己身临绝境的危险!怎么办?她心里清楚,只要现在能保住性命,就不怕将来没有出头之日。然而要保住性命,又谈何容易,唯有丢弃一切,方有一线希望。于是她赶紧跪下说:“委蒙圣上隆恩,本该以一死来报答。但圣躬未必即此一病不愈。所以妾才迟迟不敢就死。妾只愿现在就削发出家,长斋拜佛,到尼姑庵去日日拜祝圣上长寿,聊以报效圣上的恩宠。”

唐太宗一听,连声说“好”,“省得朕为你劳心了”,并命她即日出宫。唐太宗本来是要处死武媚娘,但毕竟自己很喜欢她,心里多少有点不忍。现在武媚娘既然敢于抛却一切,脱离红尘,去当尼姑,那么对于子孙皇位而言,她不可能有什么危害了。

武媚娘拜谢而去,一旁的太子李治却如遭晴空霹雳,动也动不了。唐太宗却在自言自语:“天下没有尼姑要做皇帝的,我死也可安心了。”

李治听得莫名其妙,也不去管他,借机溜了出来,径直去了武媚娘的卧室,见她正在检点衣物,便对她呜咽道:“卿竟甘心撇下我吗?”武媚娘满脸无奈的忧伤,她回身仰望太子,叹了口气说:“主命难违,只好走了。”“了”字未毕,泪已雨下,语不成声了。太子道:“你何必自己说愿意去当尼姑呢?”武媚娘镇定了一下情绪,把自己的担心告诉了李治:“我要不主动说出去当尼姑,只有死路一条。留得青山在,不怕没柴烧。只要殿下登基之后不忘旧情,那么我总会有出头之日。”

太子李治佩服武媚娘的才智,当即解下一个九龙玉佩,送给她作为信物。太子登基不久,武则天很快又被召入宫中。她的聪明之处在于能识别“风紧”还是“风松”,在危难面前能迅速分清主次,并能果断地“退”,从而保住自己的性命，“风松”了，又再回来。后来时机成熟，武则天果断地由退转进，成为中国历史上声名赫赫的一代女皇。

编者小语

做人应该坚守内心的原则，坚守心灵深处的高贵，不能因为屈服于压力或贪图物质利益的享受就轻易妥协，甚至出卖自己的良心。然而，在个人的名利或物质利益受到损害或由于个人利益与他人发生矛盾时退让一步，不仅不是懦弱，反而是一种大忍之心的体现。

要学会感恩

不懂得感谢的人是对人冷漠的人，是不懂人情世故的人，不论他多么会微笑、认同，有谈兴，人们都会疏远他。懂得感谢的人则不同，在他人的眼里，他们显得善良淳朴。

常常有人会这样说"老师教课，他得到了工资，这是他的职责，没什么好感谢的"，"我看病挂号交费了，还要什么感谢"，"两个朋友互相帮助了，好处对等，就不要互相感谢了，那样太虚伪了"，等等。这些人错把人与人之间的关系变成了商品交换关系。当他们这样想时，就会很自然地这样对待别人，于是别人也自然这样对待他，人际关系就因此而变得冷漠。老师教课不仅在于挣钱，他对学生还有思想和感情的交流；医生治病时，更会有对病人的关心，人们对此应该感谢；朋友帮助你时，也许有他自己的目的，但是他只要帮助你，你就应该感谢，这才是朋友。

在生活中，每个人都难免有点以自我为中心，因此有些女性会想：我记住别人的好处，不记他们的坏处，这不是吃亏了吗？实际上，你并不吃亏。因为当你想到别人的好处时，心情是愉快的；当你想起别人的坏处时，内心是气愤的，不愉快的。

其实，带着一颗感恩的心向别人表示自己的感激更多的是需要一种习惯，只要你尝试着去做，就一定能养成这个习惯。可以从以下几点开始：

(1)要多想想别人对自己的帮助和好处。最好每周一次，专门抽时间想想都有谁曾帮助过自己。

(2)你可以在其他朋友处谈论这个帮助过自己的人，尽可能谈得详细些。这比在内心感谢影响要大很多，讲出来会使你心里增加感动之情。

(3)可以直接向朋友表达自己的感谢。“人喜欢自己帮助过的人超过帮助过自己的人”，这话绝对是真理，唯一的条件是被帮助者懂得感谢。表达感谢要具体，一定要讲出对方的帮助对你有什么意义。

(4)要养成感谢的习惯。在感谢别人时，诚恳的态度是很重要的。

感谢要发自内心，要不卑不亢。友谊和爱的付出应该得到真诚的感谢，这种感谢不是低三下四，不是阿谀奉承。

感恩不但是一种礼节，更是一个人具有涵养的基本体现。因而，感恩与溜须拍马不同，感恩是自然的情感流露，是不求回报的。对于个人来说，感恩是富裕的人生，是一种深刻的感受，能够增强个人的魅力。感恩也像其他受人欢迎的品质一样，是一种习惯和态度。

人离不开群体。台湾著名作家刘墉在他的一篇励志文章中，曾经劝勉年轻人要心存一颗感恩的心，永存感恩之情。这是因为唯有学会感谢生活，才能从各个方面获得更大的情感回报，才会更加热爱生命，关爱他人，收获平和与快乐。让我们学会感恩吧！感恩是一种美德！

吃小亏得大便宜

“吃小亏赚大便宜”这一厚黑术在于以小本赚大利。在人际关系中,很多东西都是相互联系、相互依存的,人与人之间难免有明争暗斗及各种摩擦。因此,在适当时候恰当地舍小求大,往往会收到奇效。

唐代有个叫窦公的商人,虽然财产不多,但很会经营。他在京城里有一块宝地,与大宦官的地相邻,宦官看中这块地想得到它。这块地仅值五六百贯(古代一千文为一贯),窦公很高兴地把这块地献给了那位大宦官却没有提价钱。在讨得宦官欢喜之后,他就借故说自己打算去江淮,希望得到两三封信给神策军中的护军,那宦官便替他写了信。窦公借这些信总共获利三千贯,从此,他的事业便发达起来。

长安城东郊有一片空地,地势低洼有积水,窦公就用低廉的价钱买到手,然后让女佣人带着蒸饼在那块空地上诱儿童:如果哪个孩子扔砖瓦击中空地上的一个目标, 就奖给他一个蒸饼。小孩们都跑来争相扔砖瓦石块,这样那片洼地填平了十分之八九。接着又用好土垫在上面,在这块地上盖起了一个客店专门留波斯的客商居住,每月能获利数百贯。

日常生活中很多时候人们不爱吃看得见的小亏, 反而吃了看不见的大亏,正所谓“捡了芝麻,丢了西瓜”。其实,如果想要顺利解决这些小事情,办法只有一个,把“吃亏时就糊涂一下”当作自己做人的原则。

经商中的“先赔后赚”之计,也就是欲取先予。美国人出外旅游有一个去处,可以不花一文钱,甚至还有节余,这个地方便是大西洋赌城。从纽约出发，到那里来回车费才20美元，到达后马上可以得到赌城馈赠的15美元现金和一顿丰盛的自助餐。第二次来时，凭车票又可以得到8美元的回赠。

这是赌场老板谋利的一个妙计，吸引顾客前来，来得愈多愈好，因为到赌场来而不赌者寥寥无几，不管赌客运气如何，总体上是赚少赔多。因此，所谓来去不花钱，实际上花费的是赌场老板从顾客身上赚来的零头。得到最大好处的当然还是赌场老板，但顾客心理上还总能承受。这就是赌场老板的诀窍。所谓“降价销售”、“有奖销售”、“品尝销售”、“买一赠一”等，实际上都是“羊毛出在羊身上”。然而，商战中因此取胜的却是很多。看似吃亏，实则赚大便宜。

古人常说过犹不及，是说凡事要讲一个适度。对于功名利禄，凡人几乎没有不梦寐以求的，但如果过分热衷，弄不好也会陷入其中而不能自拔，最终毁灭自己。身外之物应当被人奴役，而不应奴役人。这话一说出来，大家都能明白，可是世上的事往往“不识庐山真面目，只缘身在此山中”。局中人就不容易明白，不容易跳出三界外。因此，真正聪明之人，对待功名利禄也是“得放手处且放手”，讲究“吃亏是福”，讲究装糊涂，不可过分执。

一首《吃亏歌》中唱道：“做人就应该能吃亏，能吃亏自然就少是非。”其中道理耐人寻味。从人的本性来说，几乎每个人都是“便宜虫”，几乎每个人都希望许多时候能占点小便宜。这并不意味着人们没有这些小便宜就没法生活了。恰恰相反，这些小便宜对绝大多数人甚至是可有可无的。因此，厚黑学提倡要在生活中装装糊涂，吃点亏。

编者小语

吃亏是福，单从字义上理解，肯定以为这是傻子的理论。吃了亏不发怒，不伺机报复已是不错了，还要让你认定是一种福气。乍一听，说不过去。其实强调吃亏是福，在这里讲究的是吃小亏，避免吃大亏。

不可卖弄你的“小聪明”

聪明是一件好事,聪明的人明白如何解决问题,少犯错误;但是“聪明,也不尽是好事,尤其是自认聪明、聪明过头,将会招致不必要的麻烦,所谓“聪明反被聪明误”说的就是这个道理。

谁都希望自己是一个非常聪明的人,绝大多数人也都希望能够在众人面前表现出自己的聪明才智,从而得到人们的认可。可是事实上,世上真正意义上的聪明人几乎是没有的,而本不聪明却要自作聪明的人,却是随处可见,比比皆是。一则笑话说:有个人天天闲得无聊,抓了几粒稻子吃起来,觉得又扎嘴又苦涩。他想:如果把稻子去掉皮壳,再煮熟就是非常好吃的米饭;如把煮熟的米种到地里,将来收获时不就更好吃了吗?于是,他煮了一锅米饭,撒到地里。结果可想而知,这便是自作聪明的结果。

三国时期,杨修在曹操手下任主簿。起初曹操很重用他,杨修却处处要小聪明。有一次,曹操令人建一座花园。快竣工了,监造花园的官员请曹操来验收查看。曹操参观花园之后,是好是坏是褒是贬一句话也没有说,只是拿起笔来,在花园大门上写了一个“活”字,便扬长而去。一见这情形大家犹如丈二和尚,摸不着头脑,怎么也猜不透曹操的意思。杨修却笑着说道:“门内添‘活’字,是个“阔”字,丞相是嫌园门太阔了。官员见杨修说得有道理,立即返工重建围墙,改造停当后,又请曹操来观看。曹操一见重建后的园门,不禁大喜,问道:“谁知道了我的意思?”左右答道:“是杨修主薄。”又是你杨修,他表面上称赞了杨修的聪明,其实内心已开始忌讳杨修了。

又有一回,塞北送来一盒酥孝敬曹操,曹操没有吃,只是在礼盒上亲笔写了三个字“一合酥”放在案头上,自己径直出去了。屋里其他人有的没有理会这件事，有的不明白曹丞相的意思，不敢妄拿妄动。这时正好杨修进来看见了，便堂而皇之地走向案头，打开礼盒。把酥饼一人一口地分着吃了。曹操进来见大家正在吃他案头的酥饼，脸色很难看，问："为何吃掉了酥饼？"杨修上前答道："我们是按丞相的吩咐吃的。""此话怎讲？"曹操反问道。杨修从容地应道："丞相在酥盒上写着'一人一口酥'，分明是赏给大家吃的，难道我们敢违背丞相的命令吗？"曹操见又是这个杨修识破了他的心意，表面上乐呵呵地说："讲得好，吃得对，吃得对！"其实内心已对杨修陡生厌恶之情了。可杨修还以为曹操真的欣赏他，所以不但没有丝毫收敛，反而把心智用在琢磨曹操的言行上，并不分场合地卖弄自己的小聪明，从而也不断地给自己埋下祸根。

曹操为人奸狡，且疑心很重，总害怕别人暗中谋害自己，他曾经吩咐左右："我在梦中好杀人。只要我睡着了，你们千万不要走近我。"一次，曹操白天在军帐中小憩，不慎将被子蹬到地上，一个值勤的侍卫赶紧过来捡起被子给曹操盖上。不想此时曹操从床上一跃而起，拔出宝剑一挥，剑落处，近侍的人头已搬了家，而曹操又上床睡觉了，在场的人谁也不敢言语。过了半晌，曹操醒来，见一近侍躺在血泊中，装着大惊失色的样子，问："什么人杀了我的近侍？"大家以实情相告，曹操悔恨梦中杀人，痛哭流涕，并下令厚葬这位侍卫。大家也都以为曹操果真是梦中误杀，今见获侍卫厚葬之荣，不但不责怪曹操，还称赞曹操体恤下属的精神。杨修却知道曹操绝非梦中误杀，而是有意而为，即证实他"梦中好杀人"的诳言。杨修倘若只是悟出了曹操的用心，不表露出来，这倒是真的聪明，可他忍不住，生怕别人看不出自己聪明，便在为那位近侍举行葬礼时，指着近侍的棺材说："不是丞相在梦中，而是你在梦中啊！"曹操听到这句话，不再是简单地厌恶杨修，而是想寻机除掉他了。

杨修的最后一次聪明的表露是在曹操自封为魏王之后，即引兵与蜀军作战，战事失利、进退不能之时。数次进攻蜀军总不能奏效，长期拖下去，不仅耗费钱粮且会重挫士气，真的撤兵无功而归会遭人笑话。是进是退，当时曹操心中犹豫不决。此时厨子呈进鸡汤，曹操看见碗中有鸡肋，因而有感于怀。觉得眼下的战事，犹如碗中之鸡肋："食之无肉，弃之可惜。"

他正沉吟间,夏侯惇人帐禀请夜间号令。曹操随口说:“鸡肋!鸡肋!”夏侯惇传令众官,都称“鸡肋”。杨修见传“鸡肋”二字便叫随军各自收拾行装,准备归程。有人报知夏侯惇,夏侯惇大惊失色,立即把杨修请到帐中问道:“您为什么叫人收拾行装?”杨修说:“从今夜的号令,便知道魏王很快就要退兵回去了。“你怎么知道?”夏侯惇又问。杨修笑道:“鸡肋者,食之无味,弃之可惜”。魏王的意思是现在进不能胜,退又害怕人笑话,在此没有好处,不如早归,明天魏王一定会下令班师回朝的。所以先收拾行装免得临行慌乱。”夏侯惇说:“您可算是魏王肚里的蛔虫,知道魏王的心思啊!”他不但没有责怪杨修,反而也命令军士收拾行装。于是寨中各位将领,无不准备归计。当夜曹操心乱,不能入睡,就手按宝剑,绕着军寨独自行走。只见夏侯停寨内军士,各自准备行装。曹操大惊,我没有下达撤军命令,谁竟敢如此大胆,做撤军的准备?他急忙回帐问夏侯惇,夏侯惇说:“主簿杨修已经知道大王想归朝的意思。”曹操叫来杨修问他怎么知道,杨修就以鸡肋的含意对答。曹操一听大怒,说:“您怎敢造言乱我军心!”不由分说,叫来刀斧手推出去斩了,把首级悬在辕门外。曹操终于寻得机会,除掉了杨修,杨修也终于结束了他聪明的一生。

对于曹操斩杨修,一般人们会认为是曹操心眼小,借机杀人,其实关键是杨修聪明过头。

不知道杨修在临死时,知不知道自己被处死的真正原因,也许他认为自己很聪明,殊不知,他就输在这个聪明上了。

世上有真聪明与假聪明之分。可惜的是有些人属于假聪明,却并不自知,其结果可想而知。杨修就是这样,经常不看场合,无视别人的好恶,只管卖弄自己的小聪明。结果自然越来越遭人讨厌和憎恨,为自己招来了杀身之祸。

虽然曹操事后不久果真退了兵,但平心而论,杨修之死也确实罪有应得。两军对垒是何等重大之事,怎么能根据一个口令,就卖弄自己的小聪明,随便行动呢?即使真的撤军,也要用正面的语言和行为来表达,不然会军也大乱。军心是军队的命根子,这是最起码的军事常识,但杨修违背了,这不是自寻死路?

这就是说，聪明是一笔财富，关键在于使用。财富可以使人过得很好，也可以把人毁掉。凡事总有两面，好的和坏的，有利的和不利的。真正聪明的人会使用自己的聪明，那主要是深藏不露，或者不到时机、不到火候时不要轻易使用，一定要貌似浑厚，让人家不眼红你。一味耍小聪明，其实是笨蛋。无论是从政，经商，做学问，还是治家务农，都不能耍小聪明。西方有这样一种说法，法兰西人的聪明藏在内，西班牙人的聪明露在外。前者是真聪明，后者则是假聪明。培根认为，不论这两国人是否真的如此，但这两种情况是值得深思的。他指出："生活中有许多人徒然具有一副聪明的外貌，却并没有聪明的实质——小聪明，大糊涂，冷眼看看这种人怎样机关算尽，办出一件件蠢事，简直是令人好笑。例如有的人似乎善于保密，而保密的原因只是因为他们假聪明，这种假聪明的人为了骗取有才干的虚名，简直比破落子弟设法维持一个阔面子的诡计还多。这种人，在任何事业上都是言过其实，不可大用的。因为没有比这种假聪明更误大事的了。"

道理就是这么简单。一个不知道"急流勇退"的人实在是一个傻瓜，一个机关算尽的人最终会被算到自己身上。俗语云"搬起石头砸自己的脚"，正好是对"聪明反被聪明误"的绝好写照。

为什么做人要提倡"别卖弄自己的聪明"呢？这是因为"聪明"是相对的，是对某一具体的方面、具体的人而言的。你在这个人面前很聪明，而在另一个人面前，很可能就不怎么样。所以，聪明还是不"聪明"并不是什么做人的资本，反而是没有"心机"的表现，根本不值得卖弄。

编者小语

充分地认识自己，明确自己的能力，面对问题冷静判断，量力而行，这才是聪明人应该做的。如果你真的想表现得比其他人更聪明一些，那么你就应该有自知之明，没有必要总是要向他人强调自己的聪明，更没有必要利用所有可利用的以及不可利用的机会向众人表现你的聪明。

适当“装傻”是一种智慧

古语云：大智若愚，大巧若拙。这句话的大概意思是拥有大智慧的人往往都表现得很愚钝，身手很灵敏的人往往都表现得很笨拙。其实，这是一种境界。人生中适当的“傻”是一种美德，也是一种智慧。

楚庄王继位时很年轻，继位之始，他并未像其他新君上任那样雷厉风行地做一些事情，而是不问国政，只顾纵情享乐。他有时带着卫士姬妾去云梦等大泽游猎，有时在宫中饮酒观舞，浑浑噩噩，无日无夜地沉浸在声色犬马之中。每逢大臣们进宫汇报国事，他总是不耐烦地回绝，任凭大夫们自己办理。他根本不像个国君，朝野上下也都拿他当昏君看待。看到这种情况，朝中一些正直的大臣都感到十分着急，许多人都进宫去劝谏，可楚庄王不仅不听劝告，反觉得妨碍了他的兴趣，对这些不着边际的劝告十分反感。后来干脆发了一道命令：谁再来进谏，杀无赦。

大夫伍参忧心如焚，再也忍不下去，冒死去晋见庄王。来到宫殿一看，只见纸醉金迷，钟鼓齐鸣。庄王看到伍参进来，怒问道：“你难道不知道我的命令吗？是不是来找死呢？”

伍参抑制住慌张，连忙赔笑说：“我哪敢来进谏，只是有一个谜语，猜了许久也猜不出，知道大王天生聪慧，想请大王猜一猜，也好给大王助兴。”楚庄王这才放下脸，说道：“那你就说说看。”伍参说：“高高山上有只奇怪的鸟，身披鲜艳的五彩，美丽而又荣耀，只是一停两三年不飞也不叫，人人猜不透，实在不知是只什么鸟！”

当时的人喜欢说各种各样的谜语，称作“隐语”。这些“隐语”往往有一定的寓意，不像今天的谜语这样单纯。人们多用这些“隐语”来讽谏或劝谏。楚庄王听完了这段话，思考了一会说："三年不飞，一飞冲天；三年不鸣，一鸣惊人。此非凡鸟，凡人莫知。"

伍参听后，知道庄王心中有数，非常高兴，就又趁机进言道："还是大王的见识高，一猜就中，只是此鸟不飞不鸣，恐怕猎人会射暗箭哪！"楚庄王听后身子一震，随即就命他下去了。

伍参回去后就跟大夫苏从商量，认为庄王不久即可觉悟，没想到几个月过去后，楚庄王仍一如既往，不仅没有改过，还越发不成体统了。苏从见状不能忍耐，就闯进宫去对庄王说："大王身为楚国国君，继位三年，不问朝政，如此下去，恐怕会像桀、纣一样招致亡国灭身之祸啊！"庄王一听，立刻竖起浓眉，露出一副暴君的形象，抽出长剑指着苏从的心窝说："你难道没听到我的命令，竟敢辱骂我，是不是想死？"苏从沉着从容地说："我死了还能落个忠臣的美名，大王却落个暴君之名。如果我死能使大王振作起来，能使楚国强盛，我甘愿就死！"说完，面不改色，请求庄王处死他。

楚庄王等待多年，竟无一个冒死诤谏之臣，他的心都快凉了。这时，他凝视了几分钟，突然扔下长剑，抱住苏从激动地说："好哇，苏大夫，你正是我多年寻找的社稷栋梁之臣！"庄王说完，立刻斥退那些惊恐莫名的舞姬妃子，拉着苏从的手谈起来。两人竟是越谈越投机，竟至废寝忘食。

苏从惊异地发现，庄王虽三年不理朝政，但对国内外事无巨细都非常关心，对朝中大事及诸侯国的情势都了如指掌，对于各种情况也都想好了对策。这一发现使苏从不禁激动万分。

原来，这是庄王的韬光养晦之策。他继位时十分年轻，不明世事，朝中诸事尚不明白，也不知如何处置，况且人心复杂，尤其是若敖氏专权，所以，他更不敢轻举妄动。无奈之中，想出了这么一个掩人耳目的方法，静观其变。在这三年中，他默默地考察了群臣的忠奸贤愚，也测试了人心。他颁布劝谏者死的命令，也是为了鉴别哪些是甘冒杀身之险而正直敢言的耿直之士，哪些是只会阿谀奉承只图升官发财的小人。如今，三年过去，他年龄已长，经历已丰，才干已成，人心已明，他也就露出了庐山真面目。

第二天，他召集百官，任命了苏从、伍参等一大批德才兼备的大臣，公布了一系列法令，还采取了削弱若敖氏的措施，并杀了一批罪大恶极的犯人安定人心。从此,这只“三年不鸣”的“大鸟”开始励精图治,称霸中原。

锋芒毕露,咄咄逼人,固然能从气势上压倒对方,从而取得胜利;但韬光养晦,暂时隐藏实力,削弱对方对自己的提防与控制,特别是在自己处于劣势时,借以隐蔽和保护自己,讨好蒙骗敌手,发展壮大力量,伺机待发,也能取得同样的效果。

常言说“聪明难,糊涂更难”,是说我们在处理事情的时候要保持清醒的头脑很难,而要在适当的时候糊涂则更加难。因此,装傻不仅是一种艺术,更是一种真正的人生大智慧,是真正的聪明。

曹操焚烧他的下属私通袁绍书信的故事,在中国历史上就是非常有名的一个“糊涂事”。公元200年,袁绍在官渡决战曹操,袁绍大败。曹操在收缴袁绍往来书信中,得到自己军中有些将领写给袁绍的信。在别人看来,这正是一个查明内部有什么人是不稳定因素的最佳时机,但是如果查出了这一点,对曹操的事业来说则没有任何的好处。袁绍被击败了,那些不稳定的因素已不存在,但此时的曹操正处于开始阶段,很是需要人手。如果要查的话,肯定会引起这些人的惊慌和恐惧,内部会更加不稳定。

所以,曹操在这个问题上表现得非常“糊涂”,他把收缴来的信全部付之一炬,说:“当绍之强,孤犹不能自保,况众人乎!”对不稳定的人,表示理解。事实证明,不知道不需要知道的事,下属会因此而受到信任,原本摇摆不定的人很可能因受到信任而忠心耿耿,一心一意为事业服务。

在现实生活中,装傻也是需要的,并不是说你要对所有的事情都视而不见,而是那些你难以预料后果的事情如果没有能力解决,该糊涂的时候还是要糊涂的。当然,装糊涂也是有个界限的,在大是大非上,我们当然要站稳立场,所谓小事糊涂大事不糊涂,才是糊涂的境界。

编者小语

当今社会,与人交往的适当技巧就是“装傻”。这需要你不炫耀自己的聪明才智、不反驳对方说的话。要做到这两点,就要有很好的“装傻”技巧,而且,不是每个人都可以傻的恰到好处,如果没有掌握好,反而会弄巧成拙。

深藏不露是一种大智慧

深藏不露是一种高层次的谋略，也是成功者必备的基本素质之一，更是厚黑学必不可少的一个重要法则。

在生活中，我们不难发现，那些口若悬河、好出风头、心中藏不住半点秘密的人一定是非常浅薄的。时间长了，会令人反感乃至厌恶。相反，那些看来木讷鬈拙或者总是隐藏自己才干的人，却往往成竹在胸，计谋过人，更容易成功。

有一位留学美国的计算机博士，毕业后在美国找工作，结果好多家公司都不录用他。他有这样高的学历，这样最“吃香”的专业，竟然找不到一个职位，连他自己都感到奇怪。无可奈何之中，他想出了一个在旁人看来简直是最愚蠢的办法：他决定收起所有的学位证明，以一种“最低的身份”再去求职。不久他就被一家公司录用为程序输入员。这当然是“高射炮打蚊子——大材小用”，但他干得一丝不苟。不久，老板发现他能看出程序中的错误，不是一般的程序输入员所能比的。这时他才亮出了学士证，老板给他换了个与大学毕业生对口的专业。过了一段时间，老板发现他时常能提出许多独到的有价值的建议，远比一般大学生要高明，这时他又亮出了硕士证，老板见后又提升了他。再过了一段时间，老板觉得他还是与别人不一样，就向他询问，这时他才拿出了博士证，此时老板对他的水平已有了比较全面的认识，毫不犹豫地重用了他。

这位博士成功的秘诀是：“忍智藏锋，以退为进。”公司是私人的，老板不会惧其“镇主”,但底下的人未必和老板同一心情,所以当他过早地亮出博士证时,连工作都找不到。那么,找到工作后又为何不马上亮出来呢?因为这时他已经学乖了,一是难保同事对他不会嫉妒,二是老板没有发现他的才干,如何用他仍在两说,直到老板对他完全信任,他才亮出证来,这时无论别人对他怎样都已不能动摇老板对他的信任了。

这个博士的办法是聪明的。他先降下身份和架子,甚至让别人看低自己,然后寻找机会全面地展现自己的才华,让别人一次又一次地对他刮目相看,他的形象慢慢变得高大。如果刚一开始就让人觉得你多么的了不起,对你寄予了种种厚望,可你随后的表现让人一次又一次的失望,结果是被人越来越看不起。这种反差效应值得任何人注意。人家对你的期望值越高,越容易看出你的平庸,发现你的失误;相反,如果人家本来并不对你抱有厚望,你的成绩总会容易被发现,甚至让人吃惊。

很多刚走上工作岗位的人,不懂得这种心理,往往希望从一开始就引人注目,夸耀自己的学历、本事、才能,即使别人相信,形成心理定式之后,如果你工作稍有差错或失误,往往就被人瞧不起。试想,如果一个本科生和博士生做出了同样的成绩,人家会更看重谁?人家会说本科生了不起。你博士的学历高,理应本领高些,可你跟人家一样,有什么了不起的?心理定式是难以消除的。所以,刚走上岗位或转到新单位的人,不应当过早地暴露自己。当你默默无闻的时候,你会因一点成绩一鸣惊人,这就是深藏不露的好处。如果交给你一项工作,你说“我保证能够做好”几乎和说“我不会”一样糟糕,甚至更糟糕。你应当说:“让我试试看。”结果你同样做得很好,可得到的评价会大不相同。

某高校的一个系里有两位成果颇丰的青年教师,一个爱吹嘘自己的成就,逢人便说又发表了几篇文章,学术成就多高多高;另一个人几乎总是回避关于这个问题的提问,或者轻描淡写地说不多、不怎么样。其实两个人在各自的学术领域里都已崭露头角,而后边的那个人的文章更经常成为学术界评议的对象,但他始终不吹嘘炫耀自己。结果,两个人都抱着一摞杂志到系里申报职称,别人却说:“你整天吹嘘炫耀自己发表了多少多少文章,按数目早就远远超过这些了,怎么才这么多。看看人家,平日一声不响，谁能想到他会发表这么多文章呢？尽管两人数量差不多，但后来还是第二个人先晋升了。

待人坦诚，心直口快并非不好，但事实证明那些心直口快的人往往容易暴露自己，得罪别人，既不能很好地把握自我，也不易取得事业的成功。这样的人实在不太聪明。你无意中说了别人什么，但别人常常会记一辈子，到适当的时候，就会不知不觉或有意识地进行报复。因此我们说“口无遮拦”，坦荡如底，是一个人的长处，也是一个人的致命弱点。

深藏不露也是自我保护的重要手段，它会减少遭到别人暗算或报复的机会。古人说“三缄其口”，就是告诫人们不要妄言乱语。“祸从口出”，也从反面说明了这个道理。一个干大事业的人怎么会没有秘密，怎么能不守秘密，随便相信人，授人以口实，受制于别人呢？很多情况下，不装糊涂就办不成事，更办不成大事。实际上，越是大事，糊涂越要装得彻底，须知你的对手绝非等闲之辈。

我们知道有些动物在不断进化中，为了有效地保护自己，会发展成种种保护色。它们能在不同环境中使自己变换不同颜色，同周围的色彩一致，从而达到避免危险、保护自己并攻击弱者的目的。动物尚如此，人怎么能在他的面前完全暴露自己，成为“不设防城市”呢？

编者小语

在大多数的情况下，才不可露尽，力不可使尽。即若有知识，也应适当保留，这样，你会加倍完善，永远保存一些应变的能力。适时救助比全力以赴更值得珍贵。从这个意义上说，我们亦可以相信这一辛辣的谬误：一半多于全部，隐藏胜于尽显。

把喜怒哀乐放在“口袋”里

通常情况下,在任何情况都不改变脸色的人,特别是遇到不顺心的事仍能镇静自若的人,往往是社交场中最受欢迎的人。

人毕竟是感情动物,真正能做到始终保持自然的神态,喜怒不形于色的人,往往是厚黑术极高之人,也是很可怕的人。当然,要真正做到深藏不露,喜怒不形于色,绝非易事,特别是对年轻人来说,更是极难做到。但只要你想做,并不是不可能做到。你每天起床后,或睡觉之前,对自己说一句“我绝不表现出不耐烦的脸色”;以此警惕自己,或者是在记事本上仔细地写出来,要每天持续不断地做。或许我们每天都会碰上令人生气或不愉快的事,但如每天都动怒,则对精神生活并不太好。

把喜怒哀乐由情绪中抽离,你便可以理性、冷静地看待它,思索它对你的意义,进而训练自己对喜怒哀乐的控制,做到该喜则喜,不该喜则绝不喜的地步。

西汉时的窦婴,是孝文帝皇后哥哥的儿子。汉武帝建元二年(公元前139年),他被封为魏其侯,他喜欢蓄养宾客,天下的游士都归奔他。

当时,桃侯刘舍被免去宰相的职务,皇上准备任用窦婴,太后多次向皇上提出:“魏其侯喜欢沾沾自喜,行为不定,很难担当得起宰相的责任。”于是最终没任他为相。

唐太宗贞观二年(公元628年),河南有个叫李好德的人有精神病,常乱讲一些妖言,皇帝下令大理寺丞张蕴古去察访此事。他察访后上奏说李好德确实有病，而且有检验结果，不应当抓起来。后来有人上书弹劾张蕴古，说他是相州人，而李好德的哥哥李厚德是相州刺史，所以说是张蕴古讨好顺从他，考察之情也不会是实事求是。皇帝很生气，下令把张蕴古杀了。后来才知道张蕴古是冤枉的，皇帝暗地里很后悔。

由于自己一时的怒气，不详细核实，不做认真细致的调查，就草菅人命，唐太宗也太过于轻率了。这是不忍怒气的后果。人一发怒，出于一时的激愤，做事就有可能过火，等到认识问题的严重性，为时已晚。就在同一年里，又有一次，唐太宗因为瀛州刺史卢祖尚文武双全，廉直公正，征召他进朝廷，告诉他："交趾久久没有得到适当的人去管理，现在需你去镇抚。"

卢祖尚行礼感谢后出来，不久就感到后悔，他托病推辞。皇上派杜如晦等人宣读诏书，卢祖尚坚决推辞，皇上非常生气地说："我派人都派不出去还怎么处理政务？"便下令把他杀了，但很快又感到后悔。魏徵对他说："文宣帝要任青州长史姚恺为光州刺史，姚恺不肯去。文宣帝气愤地责备他，他回答说：'我先任大州的官职，只有功绩并没有犯罪，现在却让我担任小州的官职，所以我不愿意去。'文宣帝就饶了他的死罪。"唐太宗说："卢祖尚虽然有失臣子的礼义，我杀了他也太过分，由此看来，我还不如文宣帝呢。"马上命令追复卢祖尚荫庇子孙任官的权力。

唐太宗认识到了自己因怒不忍，过于急躁，错杀两位臣子，悔恨之意溢于言表。尽管他知错能改，但毕竟有些事情是无法补救的。怒能造成严重的危害，古今中外许多人都下工夫去研究制怒的办法。很多人发现制怒的唯一良方是忍。在一般情况下，人们应该抑制愤怒情绪的发作，以利自身健康，以利团结他人，以利相安和谐，以利国家社会安定，以利事业发展。纵观天下成大事者均是喜怒不形于色之人，若一时气怒，不仅伤身，还会喜怒形于色，不仅不利于人，更不利于己。

不管你心里有多大波涛在起伏，你都不要表现出来，都要藏在心里。这样做的原因有二：其一是你心里的事是你自己的，让别人来一同承受是不公平的。其二，你都表现出来人家会觉得你这个人太浅薄，什么事都藏不住。

在生活中，喜怒不形于色的人是能够成大事的。

自古以来,凡是成功者很少有因外界的事物而亦喜亦忧的。当然,人有时候会高兴,有时候不免忧愁,但千万不要被情绪所左右。有高兴的事,显现在脸上无妨,但悲哀的事就不要表现出来。因为将一切都表现在表面上,更会促使情绪强烈化,而不能忍受悲哀。如把愤恨表现在脸上,恨也会加倍。因此,成功立业之人,对这方面都尽量不形于色。

编者小语

一个不能控制自己的人,往往情绪激动,而情绪激动则常常坏事,本来可以办成的事办不成。因此,要懂得深藏不露、低调做人的道理,尽量做到喜怒哀乐不外露。

第二章

巧妙地与人拉近关系

好人缘是谈出来的

一个好人缘的关键取决于人们相互之间的交流。让对方对自己获得好感就是在与双方不经意的交谈中找到共同点，在思想上和心理上产生一种共鸣，达成一种共识，从而获得别人的认同，把一些事轻而易举就办成了。人与人之间的交往是从交谈开始的，交谈是拉近距离、沟通思想、引发共鸣、形成友谊的最好方法。

富兰克林·罗斯福从非洲回到美国，准备参加1912年的竞选。因为他是前美国总统西奥多·罗斯福的堂弟，又是一位有名的律师，知名度自然很高。在一次宴会上，大家都认识他，但罗斯福却不认识在场的来宾。这时，他看出虽然这些人都认识他，表情却显得很冷漠，似乎看不出对他有好感的样子。

于是，他对坐在自己旁边的陆思瓦特博士悄声说道："陆思瓦特博士，请你把坐在我对面的那些客人的大致情况告诉我，好吗？"陆思瓦特博士便把每个人的大致情况告诉了罗斯福。了解大致情况后，罗斯福在交谈中随口向那些不认识的客人提出一些简单的问题，从中了解他们的性格、特点、爱好，知道他们曾从事过什么事业，最得意的是什么。掌握这些后，罗斯福就有了同他们闲谈的资料，并引起他们交谈的兴趣，在不知不觉中，罗斯福便成了他们的新朋友。闲谈会变不认识为认识，从而广交天下朋友。

在与人闲谈中，即使再好的朋友，也不要只谈自己得意的事。对方肯定不会喜欢你，也不会认同你。如果你在闲谈中只顾谈自己的得意之事，还会让别人产生自己被比下去的感觉。

一次,小赵约了几个朋友来家里吃饭,这些朋友彼此都是熟悉的。小赵把他们聚拢来,主要是想借着热闹的气氛,让一位目前正陷入低潮的朋友心情好一些。这位朋友不久前因经营不善,关闭了一家公司,妻子也因为不堪生活的压力,正与他谈离婚的事,内外交迫,他实在痛苦极了。来吃饭的朋友都知道他目前的遭遇,大家都避免去谈与事业有关的话题,可是其中一位朋友因为刚赚了很多钱,酒一下肚,忍不住就开始谈他的赚钱本领和花钱功夫,那种得意的神情,连主人看了都有些不舒服。那位失意的朋友低头不语,脸色非常难看,一会上厕所,一会去洗脸,后来他提前离开了。小赵送他出去,在巷口,他愤愤地说:"老吴会赚钱也不必在我面前说得那么神气。"小赵非常了解他当时的心情,因为在多年前他也遇过低潮,正风光的亲戚在他面前炫耀他的薪水、年终奖金,那种感受就如同把针一根根插在心上,说有多难过就有多难过。

因此要提醒大家,与人相处,切记不要在失意者面前谈论你的得意。和朋友闲谈的话题是很多的,可以多谈对方关心和得意之事,这样可以赢得对方的好感和认同。

很多人在交谈中,往往忘记了这条根本原则,只知一味谈论自己或与自己有关的事情,而对于对方的感受根本不去理会,这样会导致交际的失败。

大林在某地区人事局调配科工作,他刚到人事局的时候,几乎在同事中一个朋友也没有。因为他正春风得意,对自己满意得不得了,因此每天闲谈时都使劲吹嘘自己在工作中的成绩,比如,每天有多少人找他帮忙,昨天又有人硬是给他送了礼。同事们听了以后不仅没有分享他的成就,还极不高兴。

后来还是当了多年领导的父亲一语点破,他才意识到自己的症结在哪里。从此很少谈自己,而是多听同事说话。后来,每当他有时间与同事闲聊的时候,他总是请对方滔滔不绝地把他们的欢乐讲出来,与其共同分享,而只有在对方问他的时候,才谦虚地说一下自己。

成功的谈话应当是少谈自己,多谈对方所关心的事,这样言语才会投机。

交谈好比一把钥匙,可以轻易地打开交往之门。人们的兴趣爱好往往牵连着头脑中的兴奋点。如果在交谈中根据不同人的兴趣爱好,从不同的话题入手,常常可以比较容易地开启对方的心扉,步入对方的心灵深处,有效地激发对方的情感共鸣。在交谈中不要显得胆小害羞,要勇于表现自己,展现自己的长处和优势,使对方承认你、认可你,在某种程度上对你给予一定的信任。

中国有句老话——好马出在腿上,好人出在嘴上。这里的嘴指的不是吃饭的嘴,而是说话的嘴,即要想有个好人缘,就得会说话,有口才。

获得好感其实很简单

一个高明的谈话者，不仅能体察别人的内心世界，还能听取别人的意见，体谅别人各种复杂的情感，从而获得别人的好感。比如，他会以饶有兴趣、欣赏、友善的目光看着对方，观察对方的动作和表情。对方看到他那种友善的目光时就会像春风解冻一样，浑身上下都有一种轻松的感觉。

法利先生是一个知道如何让人喜欢自己的专家。有一次，费拉德菲尔城举办"读书和读者联谊会"。当法利先生和其他演讲者到宾馆吃午饭的时候，在走廊遇到了推着餐车的女服务员。他们绕过餐车走了进去，这位服务员丝毫没有注意到他们。这时，法利先生却向她走了过去，并且伸出手说："嗨，你好，我是詹姆士·法利。能告诉我你的名字吗？很高兴认识你。"女服务员显得十分惊讶，随即，她的脸上绽开了甜美的微笑。这是一个成功人士在社交场合中平易近人，善于营造舒适、自然、轻松的气氛，从而拥有良好人际关系的绝妙例子。

在开口交谈之前，不要冷不防地与人搭讪，这样无法获得自然的沟通。此外，如果一开口便说些讨好的话，对方反而会感到紧张。在坐席上安定下来之前，趁着忙乱时说些不经意的话，能使对方以轻松的心情回应攀谈。总而言之，最初开口寒暄的目的是为了向对方表明自己没有敌意。

美国一位学者曾经说过："一种既简单又最重要的获得好感的方法，就是牢记住别人的姓名，并且在下一次见面时喊出他的名字。"

名字是人的标志，人们出于自尊，总是最珍爱它，同时也希望别人能尊重它。如果你与曾打过交道的人再次见面,能一下叫出对方的名字,对方一定会感到非常亲切,对你的好感也油然而生;而如果只是觉得眼熟,再次向对方请教贵姓,双方一定觉得非常尴尬。

向人们表示你对他们的尊重是获得人们的好感、建立和谐的人际关系的关键。

你尊重别人,别人才会尊重你;你去喜欢别人,别人才会喜欢你。美国著名学者威尔罗杰斯曾说过一句很有名的话:“我从没遇到过一个我不喜欢的人。”这句话或许有一点夸张,但对威尔罗杰斯来说并不为过。

当然,有时也会因为彼此意见不同,使得你喜欢某个人格外的困难。但是,每一个人确实都有他值得尊重的、可爱的品性。

现在,越来越多的人忽视礼貌在沟通中所起到的重要作用,而事实上,它却是表述友好不可缺少的。在日常生活里,一个简单的“请”字,一声热情的“谢谢”,一个亲切的“招呼”,即使在熟人中间,也不是多余的形式和客套,而是对人尊重、诚挚的一种感情流露,它能使人感受到亲切、温暖和愉快。这小小的细节,往往可以反映一个人的内心世界,如品德的优劣和文化修养的高低。

“套近乎”的三个技巧:

在朱镕基总理视察中央电视台的前一天,中央电视台的有关领导告诉节目主持人敬一丹,明天总理来视察的时候,你要想办法得到朱总理的题词。敬一丹听了既感到欣喜,又感到多少有些为难:我怎么向总理提出这个请求呢?第二天,朱总理在中宣部部长丁关根的陪同下,来到中央电视台。他走进《焦点访谈》节目组演播室,在场的所有人都起立鼓掌,气氛一下子热烈起来。朱总理跟大家相互问好之后,坐到主持人常坐的位置上,大家簇拥在他的周围,七嘴八舌、争先恐后地与总理交谈。一位编导说:“在有魅力的人身上,总有一个场,以前我听别人这样说过。我看您身上就有这样一个场。”朱总理不置可否地笑了。演播室里的气氛更加活跃、和谐,敬一丹感觉这是一个好时机,一个很短暂的、稍纵即逝的时机。于是走到朱总理面前说:“总理,今天演播室里聚集在您身边的这二十几个人只是《焦点访谈》节目组的十分之一。”总理听了这话,说:“你们这么多人啊!”敬一丹接着说:“是的,他们大多数都在外地为采访而奔波，非常辛苦。他们也非常想到这里来，想跟您有一个直接的交流。但他们以工作为重，今天没能到这里来。您能不能给他们留句话？”敬一丹说得非常诚恳，而且非常婉转，然后把纸和笔恭恭敬敬地递到朱总理面前。总理看一下敬一丹，笑了，接过纸和笔，欣然命笔，写下“舆论监督，群众喉舌，政府镜鉴，改革尖兵”十六个字。总理写完，全场响起一片掌声，热烈的气氛进入了高潮。

敬一丹的绕圈子的确运用恰当，可圈可点。请求题词时，她先说了“在外四处奔波，非常辛苦”的“套子”，另外语气曲折委婉，表述又贴切诚恳，终于如愿以偿。

意大利知名女记者奥里亚娜·法拉奇，也深谙此道。她以其对采访对象挑战性的提问和尖锐、泼辣的言辞而著称于新闻界，有人将她这种风格独特、富有进攻性的采访方式称为“海盗式”的采访。其中迂回曲折的提问方式是她取胜的法宝之一。

技巧一：先从小处入手。

在采访南越总理阮文绍时，她想获取他对外界评论“他是越南最腐败的人”的意见。若直接提问，阮文绍肯定会矢口否认。法拉奇将这个问题分解为两个有内在联系的小问题，曲折地达到了采访目的。她先问：“您出身十分贫穷，对吗？”阮文绍听后，动情地描述小时候他家庭的艰难处境。得到关于上面问题的肯定回答后，法拉奇接着问：“今天，您富裕至极，在瑞士、英国、法国和澳大利亚有银行存款和住房，对吗？”阮文绍虽然否认了，但为了澄清这一“传言”，他不得不详细地道出他的“少许家产”。阮文绍是如人所言那般富裕、腐败，还是如他所言并不奢华，已昭然若揭，读者自然也会从他所罗列的财产“清单”中得出自己的判断。

技巧二：换个提问的方法。

阿里·布托是巴基斯坦总统，西方评论界认为他专横、残暴。法拉奇在采访中，不是直接问他“总统先生，据说您是个法西斯分子”，而是将这个问题转化为：“总统先生，据说您是有关墨索里尼、希特勒和拿破仑的书籍的忠实读者。”从实质上讲，这个问题同“您是个法西斯分子”所包含的意思是一样的，转化了角度和说法的提问，往往会使采访对象放松警惕，说出心中真实的想法。它看上去无足轻重,但却尖锐、深刻。

技巧三:带上一点感情色彩更有效。

访问邓小平,法拉奇是从祝贺邓小平的生日开始的。她从邓小平传记得知他的生日是8月22日,而邓小平自己却忘记了。

邓:"我的生日?我的生日是明天吗?"

法:"不错,邓小平先生,我从你传记中知道的。"

邓:"既然你这样说,就算是吧!我从来不知道什么时候是我的生日,就算明天是我的生日,你也不应祝贺啊!我已经76岁了。76岁是衰老的年龄啦!"

法:"邓小平先生,我父亲也是76岁了。如果,我对他说那是一个衰老的年龄,他会给我一巴掌呢!"

邓:"他做得对。你不会这样对你父亲说的,是吗?"

访问气氛就这样十分融洽而轻松地形成了。

看来当记者的人,最擅迂回,最会委婉。遇到"记者"型人物,我们得对他们兜圈子、做"套子"有一定的警惕,考虑一下自己是否乐意被套住,再去回答问题。

编者小语

西方人把口才、美元、计算机称之为立足世界的三大战略武器,口才位于首位,足见人们对其社会作用的重视程度。真正精于谈话艺术的人是善于引导话题的人,又是善于使无意义的谈话转变方向的人,这种人实际上就是社交生活中的指挥师。同样,这种人也是非常善于说服人的人,因此,他们也更容易取得成功。

初次见面学问多

初次见面，交际双方都希望尽快消除生疏感，缩短相互间的感情距离，建立融洽的关系，同时给对方一个良好的印象。那么，怎样才能通过交谈较好地做到这一点呢？

通过亲戚、老乡关系来拉近距离

由于亲戚、老乡这类较为亲密的关系会给人一种温馨的感觉，使交际双方易于建立信任感。特别是突然得知面前的陌生人与自己有某种关系，更有一种惊喜的感觉。故而，若得知与对方有这类关系，寒暄之后，不妨直接讲出，这样很容易拉近两人的距离，使人一见如故。现在许多大学里面，都存在一些老乡会、联谊会等组织，这些老乡会、联谊会就是通过老乡关系把同一地方的学生召集在一块，组织起来，同时也通过老乡会来相互帮助，联络感情，加强交流。从人的心理上来讲，每个人的潜意识中都有一种“排他性”，对自己的或跟自己有关的事物往往不自觉地表现出更多的兴趣和热情，对与自己无关的则有一定的排斥。因而，在交谈中将这类关系点出，就使对方意识到两人其实很“近”。这样，无论对方地位在你之上或你之下，都能较好地形成坦诚相谈的气氛，打通初次见面由于生疏造成的心理上的防线。毛泽东同志就常用这种技巧。新中国成立后接见民主人士时，凡是与他有点亲戚关系的，及通过师生、故友的关系有些瓜葛的，往往是刚一见着面，没出两三句话，他就爽直地和盘托出其间丝丝缕缕的关系，在“我们是一家子”的爽朗笑声中，气氛亲热了许多，使被接见者备感亲切。

以馈谢的方式加强感情

有一名同学在跟一名高年级学生接触时的头一句话就是:“开学时就是你帮你安置床铺的。”“是吗?”那名高年级同学惊喜地说。接着两人的话题就打开了,关系顿时也热乎了许多。那名高年级同学的确帮过我们许多人,不过开学初人多,他也记不得了。而这名新来的同学则恰到好处地点出了这些,给对方很大的回转余地,也使两人的关系拉近了一层。一般说来,每个人都对自己无意识中给别人帮助感到高兴,见面时若能不失时机地点出,无疑能引起对方的极大兴趣。

关心·和体贴是最好的方法

杰弗逊说:“天下至乐,莫过于对我欣赏的人表达敬意。”人是有丰富感情的动物。作为领导,关心和体贴是对下属最好的激励方式之一。

领导对下属的长处和优点表示欣赏和肯定,仅凭几句口头上的激励之词是不够的,还要有实际行动,也就是要关心和体贴下属,让他觉得受到了尊重和爱护,觉得在领导心目中自己一直都是一个重要角色,这样才能激励下属对工作更加努力,对你更加尊重。

在以人为中心的现代社会里,单纯的上下级关系正在逐渐被摒弃。在高效率、快节奏的生活中,人道主义更受人们的青睐。关心人才、爱护和珍惜人才、尊重人才逐渐成为社会的主流风尚。在领导与下属之间渗入个人友谊和感情的因素,对开展领导工作很有益处,这种方法会使领导成为一个轻松的权威。

编者小语

在日常生活和工作中,人与人之间需要进行必要的沟通,以寻求理解、帮助和支持。介绍是最常见的与他人认识、沟通、增进了解、建立联系的方式。在社交活动中,想要结识某人或某些人,而又无人引见,此时可以向对方作自我介绍。

与人交往要攻心·为上

兵法有云："攻心为上。"领导要与下属交朋友，要做到以心换心。最受下属欢迎的上司是能理解他们、关心他们、帮助他们的人，只有这样的上司才会受下属的爱戴，也只有这样的上司才能使公司上下形成一股强大的凝聚力，共同为公司的发展作出努力。

吴起是战国时期著名的军事家，在他担任魏军统帅时，与士兵同甘共苦，以诚心换得士兵的忠心。有一次，一个士兵身上长了个脓疮，作为一军统帅的吴起，竟然亲自用嘴为士兵吸吮脓血，全军上下无不感动，而这个士兵的母亲得知这个消息时却哭了。有人奇怪地问："你儿子不过是小小的兵卒，将军亲自为他吸脓疮，你为什么哭呢？你儿子能得到将军的厚爱，这是你家的福分啊！"这位母亲哭诉道："这哪里是在爱我的儿子啊，分明是让我儿子为他卖命。想当初吴将军也曾为孩子的父亲吸脓血，结果打仗时，他父亲格外卖力，冲锋在前，终于战死沙场。现在他又这样对待我的儿子，看来这孩子也活不长了！"人非草木，孰能无情。有了这样"爱兵如子"的统帅，部下能不尽全力，效命疆场吗？人是有感情的动物，上司如果从心底里尊重下属、看重下属，下属自然会卖力效忠。

有一家日资企业，一天，各部门接到电话，下班之后在贵宾厅召开职工大会。有些人感到很纳闷，为什么放着会议室不去，而是去贵宾厅开会。因为在员工们眼里，日本人很机灵，甚至有人议论说："老板又在搞什么小把戏？"当全厂人陆陆续续地走进贵宾厅时，眼前的一切简直把他们惊呆了，只见每张桌子上摆满了水果、饮料等各类食品。尤其是一名60岁的老门卫，看到眼前的一切，以为走错了地方，正要离开时正好碰上了老板，老板一看他要走，便毕恭毕敬地把他请了回来。

老板走上讲台，恭恭敬敬地向大家行礼，说："今天，把大伙召集起来。同大伙开一个聊天会。大家可以畅所欲言，提问题，讲困难，提意见或建议，说工厂的、家里的事都可以。"

人们看到老板不时地往工人手里塞苹果、倒饮料，并微笑着同大伙打招呼，便积极地为工厂出谋划策。老门卫激动地说："我这一辈子还是第一次开这样的会。一个看门的，本来就是在厂门口的，再踢一脚就出门了。老板看得起我们，我们看门的一定要好好干，看好这个家。"

此后，全厂上下一条心，工人们干活也更卖劲了，恨不得一天干上25个小时。

人心都是肉长的，将心比心，以心换心，只要你付出真心和真情，就会获得下属的拥戴和回报，从而促进你在事业上的发展。

与客户交往，不要只谈交易，要讲人情。每个人的生活圈子里都有一些比较杀近、关系比较密切的熟人与朋友。美国的汽车销售大王乔·吉拉德发现每个人拥有的熟人与朋友大约都是250人，这就是著名的250定律。

这就是说，人与人之间的联络是以一种几何级数来扩张的。无论是善于交际的公关高手，还是内向木讷之人，其周围都会有一群人，这群人大约250个。而对于生意人来说，这250人正是客户网的基础是财富。

建立良好的客户网络，与客户成为知心朋友。与客户交往过程中要以诚相待，同客户交朋友，分担他的忧愁，分享他的喜悦。他可能会向你介绍他的朋友、他的客户，这样，你的客户队伍会不断扩大。

同时，当你在和他谈你工作上的困难时，他很可能会主动地帮助你，介绍新的客户给你认识，或者帮你直接把生意做成，使之成为你永久性的客户。与客户交朋友，不要只谈买卖，不谈交情，对客户要关心、爱护和体贴，使买卖双方不单纯是一种商业关系，而是富有"人情味"的，使顾客产生一种亲切感，即在得到物质需求满足的同时，还得到精神情感上的满足。

美国有位叫玛丽·凯的女士，曾叙述她买轿车的经历和感受。她想买一辆黑白相间的轿车，就去汽车店挑选。在第一家汽车店里，由于推销员没有把她当回事，她觉得受到了冷遇，转身就走了。进了第二家汽车店，推销员对她十分热情，向她仔细介绍各种型号汽车的性能与价格，使她感到这位推销员是真正为她着想。当她偶然谈到那天是她的生日时，这位推销员马上请她稍候一会，15 分钟后，一位秘书拿来一束鲜花，这位推销员把鲜花送给她，并祝她生日快乐。当时，她感动万分，觉得那束鲜花的价值超过百万美元。于是，她毫不犹豫地购买了那位推销员向她推荐的一辆黄色轿车，而放弃了购买黑白相间轿车的打算。

一束鲜花成了沟通买卖双方心灵的桥梁，使汽车店里充满了友善和温馨的气息，使顾客不由得产生了深深的信任感，此时的买卖当然好做了。碰到顾客过生日当然很偶然，但这种“人情”意识每时每刻都可以在日常工作中表现出来。我们应该与每一名客户交朋友。因为每一名客户都有许多亲朋好友，而这些亲朋好友又有同样数目的亲友。失去一名客户就会相应失去几十乃至上百名客户。得到一名客户情况则相反，因为这些人会用自己的亲身感受去影响他的亲友。如果在交往中与客户交朋友，就会取得令人满意的效果。在这社会上生存发展，每个人都离不开与人打交道，更离不开与上司、同事、下属和客户打交道，要想找人办事，就要看清对象，采用不同的交际策略。

《孙子兵法》说：攻心为上，攻城为下。在人与人之间的交往中，在各种各样的辩论和谈判中，在恋爱婚姻与家庭生活中，都不不了要进行攻心。可以说，在人类社会历史上，攻心是处处存在、时时都有的，人们所进行的各种活动，包括政治的、经济的、军事的、教育的等等活动，从一定意义上说都是某一方面或某一角度的攻心活动。

以柔克刚拉近关系

孟获是三国时期南中地区少数民族的首领，是当地很有影响力的人物。他和朱褒、雍闿、高定等人勾结，推举雍闿为主帅。趁蜀国对吴国作战失败、元气大伤、刘备刚死的机会，煽动少数民族，杀死蜀国派往这一地区的官吏，公开发动武装叛乱。

为了维护蜀国的统一，诸葛亮经过积极准备，在公元225年，分兵三路，向南中进军。

出兵时，诸葛亮采纳参军马谡的建议：这次出征的目的，并不是把那些叛乱分子斩尽杀绝，占领他们的城池，而是要征服当地领袖人物的心，使他们心悦诚服地服从蜀汉的统治，以后不再发动叛乱。这叫做攻心为上，攻城为下。

诸葛亮出兵不久，南中地区的叛军内部起了变化。雍闿被部下杀死，孟获做了主帅。接着诸葛亮杀高定，破朱褒。这年五月，诸葛亮带领军队渡泸水，追击孟获。

由于孟获在当地百姓中有一定的威望，当地少数民族和汉族都服从他的指挥，所以诸葛亮命令不准杀害他，一定要捉活的。孟获见蜀军打了进来，就起兵迎战。蜀将王平跟他对阵，开战不久，王平掉转马头往后撤走，孟获驱兵前进，沿山路追赶。忽然喊声大起，蜀兵从两旁杀出，孟获中了埋伏，只得引兵败退。蜀兵紧紧追赶，活捉孟获。

军士们把孟获押解到大营来见诸葛亮，诸葛亮问孟获："我们待你不错,你怎么反叛朝廷?现在已被生擒,还有什么好说的呢?”接着他亲自带领孟获参观蜀军军营,问孟获:“你看我们的军队怎么样?”孟获一看,蜀军阵营整肃,军纪严明,士气旺盛,心里暗暗佩服,可嘴上并不服气。他说:“我不是被打败的,只是不知虚实,中了你们的埋伏。才被捉的。现在看了你们的军队,也不过如此,真要硬打硬拼,我们是能够取胜的。”诸葛亮笑着说:“既然这样,我放你回去。你整顿好队伍,再来打一仗吧!”说完吩咐士兵们摆上酒席,招待孟获吃了一顿,然后把他放回去。

孟获回去以后,又连续和诸葛亮一战再战,一连打了七次,被擒七次。最后一次,诸葛亮把孟获的军队引到一个山谷中,截断他们的归路,然后放火烧山。只见满山满谷烈火,把孟获的将士烧得焦头烂额,叫苦连天,孟获第七次被蜀兵活捉。孟获又被押解到蜀军营帐。士兵传下诸葛亮的将令说:丞相不愿意再见孟获,下令放孟获回去,让他整顿好人马,再来决一胜负。孟获想了很久说:“七擒七纵,这是自古以来没有过的事情,丞相已经给了我很大的面子,我虽然没有多少知识,也懂得做人的道理,怎么能那样不给丞相面子呢!”说完跪在地上,流着眼泪说:“丞相天威,我们再也不反叛了!”

诸葛亮很高兴,赶紧把孟获搀扶起来,请他人营帐,设宴招待,最后客客气气地把孟获送出营门,让他回去。

由此可见,对于顽固的对手,不能一味地使用强硬的手段以硬碰硬。那样的话即使能制服其人,也未必能收服其心。俗话说,“软绳子捆得住硬柴禾”,采取阴柔的手段是对付强硬分子的上上之策。孟获七次成为诸葛亮的手下败将,作为阶下囚丢尽了脸面。本来,要杀要剐全凭他发落,但是诸葛亮非但没有杀他,甚至没有羞辱的言辞,反而以贵宾的礼遇对待他。

编者小语

李商隐有诗云:“身无彩凤双飞翼,心有灵犀一点通。”我们既然没有先天可凭借其乘风直上的双飞翼,那么我们唯一可依靠的就是这颗通灵的心了。正所谓:柔弱无须沮丧,何妨发愤图强。凡事虚实明辨,言行柔曲温良。学得流水几分长,大道恢恢通畅。

微笑让交际无人能挡

许多成功的人都说他们是靠自己的努力,事实上,每一个取得成功的人,都或多或少受过别人的帮助。一旦你制定出成功的明确目标,付诸行动之后,你会发现自己获得许多意料之外的帮助。你必须感谢这些帮助你的贵人,同时感谢上天的眷顾。也许我们没有必要给这些帮助过我们的人金钱的回报,但是,一张温暖的笑脸也会使人感到如沐春风。

微笑是生活中的一剂良药。人们不会忘记,已故英国黛安娜王妃的笑容曾经令全世界为之倾倒;在洛杉矶奥运会上,我国的体操冠军刘璇的笑容给全世界留下了深刻的印象。笑容就像温暖的春风,会使人际关系变得水乳交融。没有人喜欢整天绷着脸的人,除非他是一名正在执行公务的"监狱"长。

如何能够做到经常面带笑容呢?真正的笑容应该是从心里发出来,应该常常怀着一颗感恩的心。感恩是基督徒的字眼,是一种深刻的感受,能够增强个人的魅力,开启神奇的力量之门,发掘出无穷的智慧。

珍妮是一个获得一大笔遗产的妇人,她参加了一个宴会,可能是急于留给人一个良好的印象,她浪费了好多金钱在貂皮大衣、钻石和珍珠上面。但是,她对自己的面孔却没有下过什么工夫,她的表情尖酸、自私,然而她却没有意识到这样的表情所带来的后果。最后,她的这次宴会之行并没有得到更多人的注意。她不知道自己错在哪里,于是询问她的朋友。她的朋友告诉她,关键在于她的面部表情,而不在于自己的衣着。于是她改变自己原来的做法,把重点更多放在自己的容貌表情上。于是,她在以后的宴会上,表现得极为从容、镇定,变原来的尖酸、冷漠为热情和笑容,一出场便得到了男士们的普遍关注。与很多人保持着良好的友谊,她也恢复了自信。不久便得到了一位男士的青睐,她也因此步入婚姻的殿堂。可见,一个人的面部表情,比穿着更重要。笑容好像是能够穿透乌云的阳光,如果你用笑容面对这个世界,就会让人感到这个世界充满了温暖和希望。

微笑也像其他受人欢迎的特质一样,是一种习惯和态度。你必须真诚地感激别人,而不只是虚情假意。时常怀有感恩的心情,你会变得更谦和、可敬且高尚。每天都用几分钟的时间为你的幸运而感恩。

以微笑的方式表达你的感谢之意,付出你的时间和心力比物质的礼物更可贵。微笑是会传染的,如果你用微笑的方式对待你的上司,表达对他的敬意,上司也会用同样的方式对你,感谢你为他所提供的服务。同时,也不要忘了用微笑对待你周围的人:你的丈夫或妻子、亲人及工作中的同事。在我们的生活中,微笑的力量不可忽视,它可以使紧张变得轻松,变尴尬为主动。

王娜是一名刚刚毕业的中专生，分配到一家星级酒店的客房部做服务员,这份工作最让她感到为难的是每天都要跟许多陌生的面孔打交道。有一位客人用浴室里的毛巾擦皮鞋,王娜看见了,她委婉地对客人说:这条毛巾是供客人洗脸用的,如果要擦鞋的话,这里有专用的鞋擦。可是那位客人喝醉了酒,他对王娜大声喊道:我是花钱来住宿的,你没有权利来管我！王娜仍然微笑着说:对不起,先生,这是一条经过消毒的毛巾,是给客人洗脸用的,如果用来擦鞋,就太可惜了！那位客人把一张 50 元的钞票摔在王娜的脸上说,我花钱买下这条毛巾总可以了吧！我想怎么用你管不着。王娜眼里含着眼泪,但她仍然努力地微笑着,从地上捡起了那条已经弄脏的毛巾,半小时后,王娜又一次敲响了客房的门,她捧着一条雪白的毛巾微笑着站在客人的面前说,我已经替您把毛巾洗干净并且消过毒了,您可以放心地用了。那位客人顿时脸红了,他向王娜诚恳地道歉,并拿出 200 元钱请王娜一定收下,王娜拒绝了,她说这是她份内的工作。客人退房的时候专门找到了王娜。他说,他是一家公司的总经理,公司正在招聘,如果王娜愿意,他可以聘请王娜到他的公司里做接待部经理。这一次,又被王娜微笑着拒绝了。

著名作家波拿多·奥巴斯多利多女士曾经为微笑下过一个定义，她说："两个人相互微笑，从表面上看来，只是笑的行为和表情，但深层意义上一个人对你微笑，代表的是他用微笑告诉你，你让我感受到幸福、愉快的感觉和气氛……"在人际关系交往过程中，微笑、快乐地笑开心地笑都是散发着善意、表达好感的方式，可以增加一个人的魅力。常常面带笑容，能让周围的人感到你是一个可以亲近的人，同时可以从和你的互动过程中获得肯定与慰藉。世界上的言语有千百种，而笑容却是全世界共同的语言，也是最受欢迎的语言，一个发自内心的笑容可以拉近人和人之间的距离，是一种良性的循环。因为笑容，我们和朋友亲近了，人缘变好了，心情自然愉快，更可以在朋友的笑容里充实我们的自信心，使自己无形中散发出吸引人的魅力。

松下幸之助说："推销时，即使一枚卡片的赠品，顾客也会高兴，如果没有随赠之物，笑脸亦是最好的礼物。"笑是心情愉快的外在表现，也是善意的表情，具有穿透人心的力量。如果你不吝惜笑容，你将能感受到左右逢源、处世逍遥自在的无比喜悦。微笑是无价之宝，笑口常开，平凡的你将会拥有非凡的魅力，以柔克刚的能量。

赞美，永不过时的交往艺术

俗话说“人无完人”，所以从每个人的条件看，人与人不可能会处在同一高低层次当中，但是，你如果想获得别人的尊重，赞赏别人这是一个非常重要的途径。爱听赞赏的话是人类的天性，人人都喜欢“正性刺激”，而不喜欢“负性刺激”。如果在处世交友中，人人都乐于赞赏他人，善于夸奖他人的长处，那么，相互间的好感则会大大增加。

我们在与他人相处的时候，就需要注意满足他人的这种渴望，多赞美别人。如果说，批评与鼓励都是催人上进、激人发奋的手段的话，在许多情况下，适当的奖励则会收到更好的效果。

但是，在赞美别人的时候，还需要注意要有一定的分寸，要恰如其分地表现他们身上最好的东西。就算是在一名最为差劲的人身上，也有一定的优点。你要注意从别人身上寻找这种优点，并及时地予以赞美，只有这样才会得到意外的收获。

因为人大都喜欢听好话，尤其是赞美自己的好话更是百听不厌。

相传有这样一个故事：古时候有两个学生，他们齐向老师请示为官之要。老师说：“现在的世道，逢人如果只说实话，是行不通的；当你碰到了人，不妨给他戴顶‘高帽子’，人生自然可以通达无碍。”

而这位老师刚把话说完，其中有一位学生就赶紧附和道：“老师的话千真万确，放眼当今社会，能够像老师您这样正直，不喜欢戴‘高帽子’的又有几人呢！”老师听后很高兴。走出门口，这个学生就对旁边的人说：“‘高帽子’已经送出去一顶了！”

在生活中，高帽子人人都喜欢戴；但是戴也要有限度的戴，戴的多了有时也会重得让人承受不了。戴高帽子就是给人赞美，而且赞美需要能够得当，不可以超高，只有这样才能够令人有“深得我心”之感。

而有的人，看起来明明已经是徐娘半老，而在这个时候，你就没有必要赞美她年轻貌美，你也可以夸奖她气质高雅、聪明睿智；有的人，胸无点墨，你就不需要称赞他才华洋溢，你可以说他慈悲善良、平易近人。

而适时的给人戴一顶高帽子，这样能够使人如沐春风，从而赢得别人的友谊与好感。过去有许多文官武将，只是为了让君王给他一顶高帽子，连生命都可以牺牲掉。

赞美他人还能沟通自己与他人的感情。特别是当你与他人产生隔阂时，关心对方，注意和肯定他人的长处，是消除这种隔阂最有效的方式。另外，对于自己不太亲近的人，恰到好处地给予赞美，也会使双方增加亲近感，建立更进一步的人际关系。赞美能够促使人们的关系更加的亲近。同时，赞美他人可以反过来激励自己。被人赞美的，肯定是一个人的长处。而在发现他人的优点和长处的同时，我们也会发现自己的差距，并促使自己努力赶上去。所以赞美他人，在鼓励他人进步的同时自己也会得到进步；这也许就是前面所说的赞美他人，我们自己也可以获得多方面的回报。

所以赞美别人正是让别人试着去接受自己，因此我们在赞美别人的时候，恰恰赞美的人会是我们自己，也只有这样发自人心的赞美才能够赢得别人的信任，让别人在无形当中受到自己一定的影响。

编者小语

在社交活动中，恰如其分地赞美对方，能创造一种热情友好的气氛，能使彼此的心情更加愉悦舒畅，彼此间和谐地相处共事。然而，在社交活动中，多数人不懂得赞美的技巧，尽管有些人也想给予别人一些赞美，却屡屡不能如心愿。那么，若在赞美别人和自己时掌握一定的技巧，精通赞美的艺术，一定会收到意想不到的效果。

对症下药，量体裁衣

人依据其年龄、别、职业、职位、所处环境等情况而扮演着不同的社会角色。在与人接触时，不同的角色有着不同的行为规范，如何找寻共同语言是人们所关注的。

有人认为，素昧平生，初次见面，何来共同感兴趣的话题？文化差距太大，何来共同话题？其实这种想法是错误的。生活在同一时代，同一国度，只要善于寻找，何愁没有共同语言？一位教师和一名建筑工匠，看起来两人似乎没有投机之处，但是，如果这个建筑工匠是一位学生的家长，那么，两者可就如何教育孩子各抒己见，交流看法；如果这位教师正要盖房或修房，那么，两者可就如何购买建筑材料、选择修造方案沟通信息、切磋探讨。只要双方留意、试探，就不难发现彼此有对某一问题的相同观点，某一方面共同的兴趣爱好，某一类大家关心的事情。有些人在初识者面前感到拘谨难堪，只是没有发掘共同感兴趣的话题而已。

把话说到他人的心坎上，是一种高超的语言技巧。与人交谈时要“投其所好”，“避人所忌”。俗话说：话不投机半句多、言逢知己千句少。要想打开交际的大门。就要学会对着对方心窝说话，让美好动听的语言走进对方的心田。社会上的人，由于年龄、性别、性格、脾气、习惯各不相同，他们的地位、身份、文化程度、语言也不一样，因此要根据不同的对象，灵活运用，区别对待，并掌握好分寸。只有做到“对症下药”，才能“激发共鸣”。

就拿我们身边的事来说吧。相信大家都有坐火车的经历，你坐在火车上已经很久了，而距离终点还有很长很长的一段路程，你想和他人讲讲话，却不知如何开口。这时，你就要尽力使你的谈吐趣味十足。

如果坐在你旁边的是一个很没趣的人，而你非常想和他聊天解闷，于是你便搭讪道："对不起，打扰了，你有纸巾吗？"

可是他一句话也不讲，只是点点头，从随身携带的挎包里拿出了一包纸巾递给你。你接过来取了一张，在还给他纸巾时说了声"谢谢"，他又点了点头，然后把纸巾放进了包里。

你继续说："真是一段漫长又无聊的旅程，你是否也有这种感觉？"

"是的，真讨厌。"

他同意你，而且语调中包含着不耐烦的意味。

"若看看沿途上的高山，倒会使人高兴起来。再过一两个月去爬山，那一定更有趣。"

"唔，唔！"他含糊地答应着。

显然他对这个话题不感兴趣。这时你再也没有勇气说下去了。

但是倘若一个话题使他富有兴趣，那么无论他是如何沉默的一个人，他也会发表一些言论。因此你在谈话的停滞之中，思考了一番后，又重新开始了。

"刚才车上放的歌曲真好听，听说王菲要在北京举办一场别开生面的演唱会。你知道吗？"这是，坐在你身旁的那位乘客坐起来了。

"你觉得王菲的歌唱得怎么样？"他问。

"唱得很好，我很喜欢听。"你回答。

"你喜欢听她的哪首歌？"他接着问。

由此可见，他的确是个歌曲爱好者，并且对王菲本人非常喜欢。你可以说："我很喜欢听她演唱的《传奇》。她不仅歌儿唱得好，人也长得漂亮！"

这位乘客听了这话便兴高采烈，滔滔不绝地谈起来。

毫无疑问，与素不相识的陌生人见面，双方免不了都存有警戒心甚至敌意。这种心理状态会束缚住双方。人际交往中，尤其是初次交往，尽量让对方放松心情，消除其心理障碍，是首先要解决的问题。

第一次交往，如果不能打开对方的心扉，一切努力都会变成泡影。要想冲破对方的“警戒线”，只有让对方感觉到你是可以信任的。那么，怎么才能让对方信任你，也就是说怎样才能把你对对方的尊重和信任传达给他呢？

基本的手段便是以同情共感的态度来了解对方的烦恼与要求。这就是心理学中所说的“共鸣”，也叫“移情”。

面对一个陌生人，你只要主动、热情地面对，同他聊天，努力探寻他感兴趣的话题交谈，就可以赢得对方的好感，就能拉近你们之间的距离。

人与人之间交往，是从交谈开始的。交谈是交朋友的有效手段。许多事就是在不经意的交谈中找到双方的共同点，在思想上和心理上产生一种共鸣，达成一种共识，从而获得别人的认同。交谈是交流、引发共鸣、交上朋友的最好方法。

对有兴趣爱好的人，当你谈起有关他的爱好方面的事情来时，他会兴致盎然。同时，对你无形中也会产生好感。因此，如果你能从此人手，发现对方特殊爱好，就会为“对症下药”打下良好的基础。

但一定要考虑对方兴趣爱好上的差异。一旦你发现对方的特殊爱好，就等于打开了“投其所好媚人心”的大门，剩下的事情就好办了。

段芝贵是安徽合肥人，毕业于北洋武备学堂。在袁世凯编练新军时，段芝贵加入了新军。当时袁世凯掌握着新军大权，清政府对他十分器重。段芝贵想跟着袁世凯干，但既非同乡，又无亲无故，苦于没有门路。

一天，段芝贵在天津一个酒楼邂逅了阮忠枢，二人臭味相投。阮忠枢是袁世凯的总文案，对袁世凯的爱好自然十分清楚。于是，阮忠枢悄悄地对段芝贵说：“袁平生最大的嗜好就是贪女色，只要有长得漂亮的，他都要想尽办法弄到手。听说咱天津某一个戏班里有个叫刘芳的女子，长得天生丽质，袁也知此女，就是不好明娶，你若能促成此事，他一定会提拔你。”

段芝贵告别阮忠枢后，马上赶到这家戏班打听，对方说确有刘芳此人。第二天，段芝贵就从家里携带了5万多两白银到戏班，对领班说自己兄弟几人，没有妹妹，老母亲非常想有一个女儿，想得快疯了。领班很是同情，当下双方达成协议，由段芝贵出5万两白银，让段芝贵认刘芳为干妹妹，并把她带回段家。

自从把刘芳带回家中，段芝贵请了很多“名师”指点她，把她打扮得更加动人,然后通过阮忠枢的牵线,又花6万两银子在一个夜间送进袁世凯的宅中。

袁世凯心想事成,不出两天,就任命段芝贵为营务处提调,管理所有新军的调动。段芝贵对袁世凯十分感激,跑到袁世凯家中,跪在地上说:"生我者父母,恩公对我比父母还亲,您老就是我爹! 请受小儿一拜! "

袁世凯窃取了辛亥革命成果后,决心恢复封建帝制。恢复帝制是违背民意的行为,袁世凯十分清楚这一点,南方的革命党人正在竭力反对袁世凯称帝,并对袁世凯的帝制活动大加讨伐。然而,段芝贵却把恢复帝制作为向袁拍马的良机,并别出心裁,想了个绝招。当时,"筹安会"在北京策划成立"全国公民请愿团",通电拥护袁世凯恢复帝制,以表示"众望所归",上街游行,高呼口号,以博袁世凯欢心。由于他懂得袁世凯的心思,因此袁世凯对他十分赏识,袁世凯称帝后,段芝贵如愿以偿地当上亲王。

著名厚黑学大师李宗吾对此说到,像段芝贵这种厚颜无耻的行径,他的下场是可想而知的,但是他的"投其所好关系近"的社交技巧却可以给人很多启示。

卡耐基也告诉人们,如果想要交朋友,并成为受人欢迎的说话高手的话,就要用热情和生机去应对别人。接触对方内心思想的妙方,就是和对方谈论他最感兴趣的事情。但如果我们只想让别人注意自己,让别人对我们感兴趣,我们就永远也不会有许多真挚而诚恳的朋友。对别人漠不关心的人,他的一生困难最多,对别人的损害也最大。

编者小语

不同性格特征的人,彼此在思想、观念、习惯、风俗等方面都有区别,对对方言辞的接受程度会有所不同。因此,社交一定要"看病吃药"。

第三章 化解交际中的难题

社交中被人误解时

误会是人际关系的绊脚石，却是人际交往中时刻出现的重要问题。它常常是人们在不了解、无理智、无耐心、缺少思考，未能多体谅对方、反省自己，感情极为冲动的情况下发生的。

误会给我们带来痛苦、烦恼、难堪，甚至会产生预料不及的悲剧。所以，陷入误会时，你必须调整自己，采取有效的方式予以排除，使自己与他人都尽快地轻松、舒畅起来。出现误会后，不必急于为自己辩解。总以为自己正确、有道理、不被理解、心中怀有委屈情绪的人，必定不愿开口向对方作友善的解释。这种心理会障碍妨碍彼此间的交流。

有了误会要及时解决。有人被误会搅得焦头烂额，总觉得心中有难处，不好启齿，结果碍于情面，时间越拖越长，误会越陷越深，到最后无限制地蔓延，造成了令人极为苦恼的后果，反倒更加痛苦。所以，有了误会，要迅速解释清楚，拖的时间越长，就越被动。

如果不愿意直接消除误会的，或者对于那些难以直接消除的误会，我们可以采取迂回的策略，这样往往可以消除误会，保持良好的人际关系。

以行动消除误会

小李和小王是一对好朋友，他们经常在一起交流思想。但是有一段时期小王因要参加职称考试，将自己封闭起来，全力复习功课。对小王有意见的小张乘机挑拨小李说:“你知道小王最近一段时间没有与你来往的原因吗?不是因为考试啊!而是他嫌你档次太低,没水平啊。你想想,你是大专生,他是本科生,能瞧得起你吗?”小李信以为真,因而非常气愤,觉得小王只不过多读了两年书,就如此骄傲,太不够朋友了,因此下定决心再也不理睬小王。

小王考试完毕后,几次打电话给小李,小李硬是不接。小王很快就了解了情况,知道是因为小张的挑拨,小李对他有了误会。第二天,小王突然来到小李住处,非常亲切地对小李说:“我忙于考试,咱们好久没聊聊了,走,到望江楼去,咱们聊个痛快。”小李听后非常高兴,心想小张的话完全是胡说。于是愉快地答应了。他们之间的误会也就这样无声无息地消除了。

采用行动消除误会的方法时心情要平静,态度要诚恳,语言要亲切,行动要与以往保持一致性,不可有特别之处。这样才会使对方确实感觉到他完全误会了你,因此而产生一种愧疚的心理,这样,误会就自然而然地不留痕迹地消除了。

运用比较方法消除误会

古代有个人叫惠子,他跟别人说话或者写文章往往喜欢使用比喻,于是有人在梁王面前诽谤惠子。梁惠王听后认为那人说得对,因此对惠子产生了误解。一天梁王碰见了惠子,他对惠子说:“你今后讲话应该直截了当,不要转弯抹角,再使用什么比喻了。”惠子回答说:“现在有一个人,不知道‘弹’是什么东西。如果他问你,‘弹’的形状怎样?而你只告诉说‘弹’的形状就是‘弹’,那个人会听明白吗?梁王说:“那怎么能明白呢?”惠子接着说:“那么如果这样告诉他,‘弹’的形状像把日,它的弦是用竹做的,是一种射具。这样说难道不明白吗?”梁王说:“可以明白了。”“用别人已经知道了的东西来比喻他还不知道的,目的是要他知道啊,这难道有什么不好吗?”梁王连忙点头说:“你说得对。”

惠子通过对“弹”的两种不同说明的比较,使梁王明白了比喻的作用,从而消除了对惠子的误会。可以想象,如果惠子直接说比喻的使用能起到使不明白的东西变为明白的重要作用,那么梁王肯定是难以接受的,因此不但不会消除误会,反而会加深误解。这种方法往往用来消除那些因别人不懂得或暂不理解某项知识而产生的误会。因为这种比较方法形象、直观,易于别人接受。

运用书信消除误会

通过文字传达信息,更有利于说明情况,表达感情。因而有些当面不便说的话可以在书信中表达出来,效果更佳。

刘某听信别人的传言, 与同事匡某产生了误会。匡某多次同他打招呼,他不予理睬,匡某问他是什么原因,他也一声不吭。匡某很奇怪,一个偶然的机会,匡某了解了刘某对他产生误会的原因。于是给他写了一封长长的信,详细说明了传言的实际情况。刘某看完信后,深受感动,觉得自己轻信了谣言,胡而感到非常内疚。于是主动地找匡某道歉,两人和好如初。

运用书信消除误会,一定要注意言语的客观性,即言语一定要客观真褒地反映实际情况,同时要合乎情理;其次,言辞要充分地表达出情感性,体理出真诚友好的态度,以情感人。做到了这两点,就会在对方的心灵上激起感情的浪花,从而达到消除误会之目的。

运用书信消除误会,切忌出现指责对方的言辞。否则就会使对方觉得你缺乏诚意, 把误会的责任归结于他, 这样不但不会达到消除误会的目的,相反可能会火上浇油,使误会发展成为矛盾。

请第三人疏通,消除误会

如果别人与你发生误会,而第三人完全知道其中的情况,那么可以请第三人帮忙疏通,从而达到消除误会之目的。这是因为第三人了解熟悉情况,最有发言权。同时第三人是站在中立的立场上的,能从客观的角度说明情况,分析利弊,因而最有说服力。故实践中,亲朋好友、同事之间发生误会。一旦有知情的第三人出面调停,误会很快就消除了。

颜某与邱某因别人的挑拨而发生了误会，颜某错怪邱某在领导面前打了他“小报告”。从此一见到邱某就耿耿于怀。邱某了解情况后，回忆了他那天在领导处汇报工作时，还有赵某和刘某在场，他根本就没有谈及颜某的任何情况，因而请赵某前去说明了情况，颜某恍然大悟，非常后悔自己轻信谣言而伤害了同志之间的感情。

总之，一旦发生别人对你的误会时。情绪一定要冷静，心胸一定要宽阔，态度一定要诚恳，能直接沟通的就直接沟通，不能直接沟通或有诚意但不愿意直接沟通的就根据实际情况采取迂回策略予以消除。

编者小语

生活中不知什么时候，就会遇到一些很无奈的事情，心中坦荡就好，都是过往烟云，是是非非，我们不应记住它们的模样，都市的景色美不胜收，莫让烦躁之心忽略了对美景的鉴赏，无论怎样的相遇都是有缘，善与恶只是一臂之隔，笑着伸出手，就会画出一道彩虹，两手相握就是一架，钢筋铁骨的桥梁。

社交中被人批评时

我们应该养成接纳别人批评的习惯，因为对方批评我们或许根本毫无所得，甚至还会失去某些东西，不管他们说得对不对，但用意可能都是好的，他们只想防止错误发生罢了。把遭到批评看作一种机会而非灾难，这听起来可能挺难，不过值得一试。如果你把事情弄坏了，就应接受失败，不要无理辩三分或试图转嫁责任。

一次，在阿姆斯特朗准备主持自己上任以来的首次股东大会时，《纽约时报》发行人兼董事会主席小舒茨博格向他请教如何应对批评。阿姆斯特朗回答道，“不论批评多么苛刻刺耳，都要置之不理”。

不论你的回答多么有理有据，对批评的回应只会招致更详细的盘问。令攻击你的人获得更多的关注，有时甚至让他们显得更可信。对每次质问都作出回应，就等于把辩论的主动权交给了你的批评者。不论谁选择了战场，都会利用优势创造倾向己方的有利条件。这种指责的确是你该接受的，因此即使对方在某种特殊的情况下提出批评也许是错的，但你也不要跟他作对，下次他或许就能告诉你一件被你忽视的重要事情。但有些人批评你只是为了发泄他的嫉妒心理，你大可不必忍受他的话。

要能面对别人的批评，甚至于鼓励别人对你进行批评。只对自己说下次一定会好好地接受批评还不够，必须改掉你以前养成的不听别人批评的行为。

坦然面对批评

面对他人批评，不要过于防卫自己。别人批评你并不表示一定是在攻击你，他可能只是在表达不同的意见而已。丢下你的武器，控制你的脾气，深呼吸放松自己，可以让你心平气和地听听对方在说些什么。如果批评一再重复出现，你需要静下心来检讨一下自己，说不定真的错在自己。

屠格涅夫写了一个短篇小说《犹太人》，在小说中有一个情节，写一个犹太人从士兵手里夺回一头猪。小说发表后，有一天，一个犹太人找到屠格涅夫，劈头就说："屠格涅夫先生，你错了。你那《犹太人》中，描写了一个犹太人从一个士兵的手中夺回一头猪，这是不真实的。我们犹太人不吃猪肉，我们认为挨一下这肮脏的动物也是犯罪的，至于养猪，那根本是不可能的！"屠格涅夫听了以后，笑着说："我这篇小说是根据我叔叔所讲的一个真实的故事写的。"他想了一想，又补充说："不过，在下一版里，我得用另一种动物来代替它。"

看清批评的动机

了解什么样的人在批评你，他对所批评的事有深刻的认识吗？或者只是借题发挥、小题大做？他批评的动机与理由是什么？他当时的情绪状况如何？确定批评者真正的意思，并请他说出事实真相，以便了解他到底希望你做什么样的改善，甚至请他直接提出具体建议。

世界上没有一个永远不被毁谤的人，也没有一个永远被称赞的人。当你话多的时候，别人要批评你，当你话少的时候，别人要批评你，当你沉默的时候，别人还是要批评你。在这个世界上，没有一个不被批评的人。

社交中面临冲突时

在生活中与别人发生分歧在所难免。处理矛盾和冲突必须有理、有力、有节。面对冲突，成熟的人强调“忍”，多说好话，避免争吵，但是，也要用一定的手段，维护自身的合法权益。无论一个人为协调人际关系作出多少努力，事实上仍然不能完全避免同别人的冲突。只要人们之间发生交往，就会或多或少产生矛盾，这是由人的天性所决定的。

先看一下下面这则小故事。

甲：“新搬来的邻居好可恶，昨天晚上三更半夜时跑来猛按我家的门铃。”

乙：“的确可恶！你有没有马上报警？”

甲：“没有。我当他们是疯子，继续吹我的小喇叭。”

原来是事出必有因，如果能先看到自己的不是，答案就会不一样。在你面对冲突和争执时，先想一想是否心中有亏，或许很快就能释怀了。

那么，如何才能防止同别人发生冲突呢？

以理解的眼光看别人，懂得大千世界是五彩缤纷的，人也是各种各样的。别人不可能完全同我们有一样的观点与志趣，每个人都有自己的个性和特点，有不同的长处和短处，我们不能像要求自己那样要求别人。

本来没有多大的事，却非要弄个水落石出，论出个我是你非，那只能是“天下本无事，庸人自扰之”。化解矛盾要首先从自己做起，记住你如何对待别人，别人也会如何对待你，要走进别人的心灵，自己就要首先敞开胸怀。

宽容别人的过错，明白世上没有十全十美的人，包括自己在内，谁都有缺点，谁都有可能犯错误。要给别人改正错误的机会，就像希望别人也原谅自己的过失一样。

一个不肯原谅别人的人，就是不给自己留余地的人，因为每个人都有需要别人原谅的时候。

大部分人一旦陷身于争斗的漩涡，便不由自主地焦躁起来，一方面为了面子，一方面为了利益，因此一旦自己得了“理”，便不饶人，非逼得对方鸣金收兵或竖白旗投降不可。然而“得理不饶人”虽然让你吹着胜利的号角，但这也是下次争斗的前奏。因为这对“战败”的对方也是一种面子和利益之争，他当然要伺机“讨”回来。

给别人台阶下，为他留点面子和立足之地！对一般的人来讲，这可能不太容易做到，但如果能做到，对自己则好处多多。

编者小语

无论我们如何做，我们都无法在生活中彻底清除冲突。冲突是生活的一部分。不管你是否愿意，你都要用一定的方式解决它。大多数成功人士都身处完美的团队之中或者周围有一群真诚的人来支持他们，这一切都因为他们懂得处理冲突的艺术。

对社交产生恐惧时

我们所有人,包括最有信心的人,都有过胆怯的时刻。额头和手脚出冷汗、脸红、心跳加快、牙关紧咬、嗓子发涩、不寒而栗甚至出现痉挛,这些都是一个人心怀胆怯的征兆,这些征兆表明,这个人的内心正受着痛苦和焦虑的煎熬。

这些表现是由于一个人对社会交往抱有恐惧感所造成的,如这个人担心自己做不好事情、担心自己的看法或行动无关紧要、担心自己的言行会使别人不高兴。因此,在对事务作出反应之前,胆怯首先占据了他的心灵,于是他回避与人交往,因为他感到自己进行社会交往的行为会引起别人的嘲笑和戏弄。如果听任这种情况发展下去,这个人就会成为社会交往恐惧症患者。

面对冲突,你首先要有胆量,用自己的胆量灭掉对方的威风,让他对你从心里产生怯意,这样,你就已经胜了一分。下面一些做法可能会对你有所帮助:

首先,可用相同对比法和不同对比法来减轻心理压力。拿自己的处境与别人相比,找出相同之处。比如可以这样设想:我做得虽然不理想,可别人一开始也不见得比我做得好,我的情况别人也会有,也许有的人比我还严重,我并不比别人差,多锻炼几次就会好的。换个角度,在与别人相比较时,既要看到别人的长处,也要看到自己的长处,应该明白“尺有所短,寸有所长”的道理。每个人都有自己的优缺点,这样便于找出自己的优点和长处,增强自信。

学会正确地评价自己,保持适当的期望水平。有的人对自己的期望值过高,一旦达不到预期目标便会感到痛苦。应该客观地评价自己,按照自己的能力、水平确定发展目标,应该允许自己和接受自己存在的局限和不足,适当降低要求,从小的成功开始,循序渐进,积累经验,逐渐树立自信心。

再者，要寻找自身的优势，增强自信。你不妨从自己感兴趣、了解得比较多的方面入手，使自己获得成功的情绪体验。也许你不善言辞，但你的体育、音乐或别的方面比较突出，你就可以大胆地运用自己的长处，在运动或其他表演中一展风采。当你的出色表现赢得别人的称赞时，你就会想：原来我也能做得很好，我也行！这样，必然增强了自信心，使你能够有充分的自信面对从前“恐惧”的公众场合。

另外，还要勇敢地抓住机会适当地表现自己，克服“只想不做”的思想倾向。存在社交障碍的人，大多不敢在公众面前讲话，怕被人嘲笑，常常放弃表现自己的机会，陷入“我不行——所以我不做——因此我更不行”的怪圈中。这些人即使有独特的长处，如果只想不做，那么，他们的能力和水平就很难得到别人承认。如果放下包袱，珍惜机会，勇敢地面对现实，哪怕是一次小小的成功，也会让人获得莫大的成就感。在公众面前讲话的初期，可以不必正视大家的目光，把精力集中于自己的讲话、表演上，然后逐渐训练自己用眼神、表情与大家交流。一次次地锻炼，直到清除与人交往的紧张感、恐惧感。

最后，还可以用刺激法来有意识地治疗自己的心理障碍。自己怕什么就有意识让自己接触什么，以此来刺激自己脆弱的神经。如多为自己创造一些在大庭广众之下回答问题的机会，多增加自己与异性交往的机会。因为患有社交恐惧症的人都是很内向、很胆小的，只有多与自己所害怕的事物接触，才能使自己消除恐惧心理，战胜自我，冲破自己所营造的心理樊笼。

编者小语

社交恐惧症是一种精神上的疾病，但是为了自己个性上的内向、害羞而苦恼和真正患了社交恐惧症是不一样的。社交恐惧症的患者通常对群体的看法都是很负面的，这些人在人多的地方会觉得不舒服，担心别人注意他们、担心被批评、担心自己格格不入，情况轻微的人还是可以正常的生活，情况严重的话会造成生活上的障碍，导致无法正常求学或工作。

社交中陷入尴尬时

每个人都希望在社交中从容不迫，洒脱大度，但是在现实生活中我们会经常遇到一些尴尬的场面。自己感到不自在，别人也不自在，结果使得气氛凝滞。怎样才能做到遇事不惊不乱，从容地从难堪的境地中解脱出来呢？

遭遇不期而至的尴尬，令你手足失措，羞恼困窘，对情绪造成负面影响不说，还可能伤害你周围的人，破坏你的正常生活。

著名主持人杨澜在主持一次大型晚会时，刚登上舞台就不留神绊了一跤，剧场内一片哗然，众目睽睽之下，只见杨澜迅速爬起，不慌不忙地举起话筒："今天的观众朋友实在太热情了，以至我不得不为之倾倒啊！"此话一出，掌声雷动。

尴尬局面突然出现，令人措手不及时，智慧是化解尴尬的一大法宝，冷静灵活，随机应变，往往能化被动为主动，不光令尴尬消解，还可能赢得尊重与喝彩。

列夫·托尔斯泰去火车站接朋友，在站台上被一贵妇人误认为是搬运工。托翁搬完东西还收到了贵妇人的5个戈比。此时，来访的朋友下车见到托翁，贵妇人才知真相。她十分尴尬，频频向托翁致歉并请求收回那5个戈比。不想托翁却和蔼地表示不必道歉，5个戈比是他应得的报酬。双方尴尬顿时化解在欢笑声中。

运用急中生智的幽默术是将自己思维的潜在能量充分发挥出来最好的方法。但要做到这一点，就需要冷静、乐观、豁达，使自己的精神处于一种自由、活跃的状态，借助对方的话语来反击那些讨厌的人。

马克·吐温生活俭朴，他把大部分精力都投入到写作中，从不注意衣着，不追求时尚。有一次，马克·吐温戴着破旧的帽子在街上行走，有一个富人嘲笑他：你脑袋上边的那个玩意是什么？能算是帽子吗？”旁边站了好大一群人，大伙奔笑得前仰后合。可是这并没有难倒马克·吐温，他不慌不忙地指着那个富人回敬道：“你帽子下边的那个玩意是什么？能算是脑袋吗？”顿时，人们停止了笑，过了一会，又哄堂大笑起来。此时，那个富人胀得脸红脖子粗，一句话也说不上来了。

马克·吐温利用对方的话予以回击，使自己从尴尬中走出，而那个讨厌的富人却落得个众人耻笑的下场，再也不敢开马克·吐温的玩笑了。

马克·吐温分析对方的逻辑和结论，并没有作出正面的反驳，把它作为前提加以演绎和引申，将对方引到一个显而易见的荒唐的结论上去，由结论的荒唐从反面证明对方的荒唐。尴尬常常起源于误会，你若只顾排除自己的尴尬，也许会使对方陷入更深的尴尬之中。在这种场合，需要一种宽容的心态，最好的办法是将错就错，索性把双方的尴尬一起化解掉。美国的著名作家马克·吐温就是一个能在尴尬中泰然自若的人，他能根据对方的话来进行反驳，使自己从尴尬解脱出来。

在人际交往过程中，个体经常会遇到一些尴尬场面，有时，尴尬的是自己，有时尴尬的可能是别人，有时双方都感到尴尬。交往中的尴尬场面，有些是事先可以避免的。但有些时候，交往中的尴尬场面带有突然性，预先难以防止，这就需要个体具备一定的应变能力与技巧。

社交中遭人拒绝时

一名刚毕业的大学生到一家公司应聘财务会计工作，面试时即遭到拒绝，因为她太年轻，公司需要的是有丰富工作经验的资深会计人员。女大学生却没有气馁，一再坚持。她对主考官说："请再给我一次机会，让我参加完笔试。"主考官拗不过她，答应了她的请求。结果，她通过了笔试，由人事经理亲自复试。

人事经理对这名女大学生颇有好感，因她的笔试成绩最好。不过，女孩的话让经理有些失望，她说自己没工作过，唯一的经验是在学校掌管过学生会财务。他们不愿找一个没有工作经验的人做财务会计。人事经理只好敷衍道："今天就到这里，如有消息我会打电话通知你。"

女孩从座位上站起来，向人事经理点点头，从口袋里掏出一元钱双手递给人事经理："不管是否录取，请都给我打个电话。"

人事经理从未见过这种情况，竟一下子呆住了。不过他很快缓过神来，问："你怎么知道我不给没有录用的人打电话？""您刚才说有消息就打，那言下之意就是没录取就不打了。"

人事经理对这个年轻女孩产生了浓厚的兴趣，问："如果你没被录用，打电话你想知道些什么呢？"

"请告诉我，在什么地方不能达到你们的要求，我在哪方面不够好改进。"

"那一元钱是怎么回事呢？"

没等人事经理说完，女孩微笑着解释道：“给没有被录用的人打电话不属于公司的正常开支，所以由我付电话费，请你一定打。”

人事经理马上微笑着说：“请你把一元钱收回。我不会打电话了，我现在就正式通知你，你被录用了。”

就这样，女孩用一元钱敲开了机遇大门。细想起来，其实道理很清楚：一开始便被拒绝，女孩仍要求参加笔试，说明她有坚毅的品格，财务是十分繁杂的工作，没有足够的耐心和毅力是不可能做好的。她能坦言自己没有工作经验，显示了一种诚信，这对搞财务工作尤为重要。即使不被录取，也希望能得到别人的评价，说明她有直面不足的勇气和敢于承担责任的上进心。

员工不可能把每项工作都做得十分完美，我们可以接受失误，却不能接受员工自满不前。女孩自付电话费，说明了思维的灵活性，她巧妙地展示了自己公私分明的良好品德，这更是财务工作不可或缺的。

一元钱折射出良好的素质和高尚的人品。而人品和素质有时比资历和经验更为重要。在求职的时候，与其为自己的资历所遗憾，不如多动脑筋使自己显得与众不同，引起招聘者的兴趣。

所以，面对拒绝你更要鼓足勇气，一直向前，不断努力。

编者小语

未曾遭遇拒绝的成功绝不会长久。你被拒绝得越多，你就越成长；你学得越多，就越能成功。当下次别人拒绝了你，你得好好地跟他握个手，这会改变他的态度，有一天“不”会变成“是”。只要你知道如何面对拒绝，便必能得着所要的许多东西。

社交中被人捉弄时

建国之初,周恩来总理召开记者招待会,当一个外国记者挑衅地问新中国有多少个厕所时,周总理答道:“两个。”在记者惊异的目光中,总理继续说道:“一个男厕所,一个女厕所嘛!”顿时笑声四起,紧张的局面轻松下来。

有人挑起事端,企图以巧言捉弄你,陷你于尴尬境地。如果本意恶劣,而且过分,你完全可以幽默为武器予以还击。幽默的素材最好取材于对方话题,让其自食苦果,将尴尬不知不觉地转移给对方。

在这类人的意识中,也明白自己能力比不上别人,所以,内心存有自卑感。于是表面上,就常常利用那巧如弹簧之舌来嘲弄别人,以满足他些许的自尊心。难怪人们总把激烈的语言交锋称为唇枪舌战呢,有时候两片嘴唇一条舌头,比真枪实弹的威力还要大。

海涅是犹太人,经常因此而遭到一些“大日耳曼主义者”的攻击。一次晚会上,一个自称是“素有教养”的旅行家,对海涅讲述了他环球旅行中发现的一个小岛。他说:“你猜猜看,在这个小岛上有什么现象最使我感到惊奇?”接着他说:“在这个小岛上,竟没有犹太人和驴子!”

海涅白了这个旅行家一眼,不动声色地反击道:“如果真是这样的话,那么,只要我和你一块到小岛上去一趟,就可以弥补这个缺陷了!”

旅行家的本意是说海涅是犹太人,海涅却机智巧妙地将对方比作驴子,从而维护了自己的尊严。

语言交际能力的高低,在幽默的应用上便可看出来,能力较高者是十分善于运用幽默的。对于这种捉弄别人的人,绝不能在口头上被他压制过去。如果露出一脸困惑的表情,只会助长他的气焰。所以,对对方满嘴胡言乱语必须痛快地给予反击，只要明白这种人的内心是很脆弱、不堪一击的,应付就容易了。

编者小语

其实生活是最好的一本书，试着做生活的有心人，多和别人交流,远离那些捉弄你的人,坚持自己的原则。那些人捉弄你是因为有乐趣,你不要理会他们,他们自然会觉得无趣,捉弄没什么关系。别吃亏就行。

第四章

巧妙化解别人的难处

给别人一个台阶

1953年，周恩来总理率中国政府代表团慰问驻旅大的苏联官员。在我方举行的招待宴会上，一名苏军中尉翻译总理讲话对，译错了一个地方。我方一位同志当场作了纠正。这使总理感到很意外，也使在场的苏联驻军司令大为恼火。因为部下在这种场合的失误使司令有些丢面子，他马上走过去，要撕下中尉的肩章和领章。

宴会厅里的气氛顿时显得非常紧张。这时，周总理及时地为对方提供了一个"台阶"，温和地说："两国语言要做到翻译准确无误是很不容易的，也可能是我讲得不够完善。"并慢慢重述被译错了的那段话，让翻译仔细听清，之后这名苏军中尉准确地翻译了出来，缓解了紧张气氛…总理讲完话在同苏军将领、英雄模范干杯时，还特地同翻译单独干杯。苏联官员和其他将领为此都流出了热泪，翻译被感动得举着杯久久不放。

心理学的研究表明，谁都不愿把自己的错处或隐私在公众面前"曝光"。一旦被人曝光，就会感到难堪或恼怒。因此，在交际中，如果不是为了某种特殊需要，一般应尽量避免触及对方所避讳的敏感区，避免使对方当众出丑。必要时可委婉地暗示对方自己已知道他的错处或隐私，便可造成一种对他的压力，但不可过分，只需"点到为止"。

如果把每个人的失误当成笑柄，自己也就有了制造笑柄的失误。在社交中谁都可能不小心弄出点小失误，比如念了错别字，讲了外行话，记错了对方的姓名职务，礼节失当。当我们发现对方出现这类情况时，只要是无关大局，就不必对此大加张扬，故意搞得人人皆知，使本来已被忽视了的小过失，一下变得显眼起来；更不应抱着讥讽的态度，小题大做，拿人家的失误在众人面前取乐。因为这样做不仅会使对方难堪，伤害他的自尊心，让他对你心生反感，而且也容易使别人觉得你为人刻薄，在今后交往中对你敬而远之，产生戒心。

在社交中，有时常会进行一些带有比赛性、竞争性的文娱活动，比如棋类比赛、乒乓球赛、羽毛球赛。有经验的社交者，在自己实力雄厚、绝对能取胜的情况下，往往并不会使对方败得很惨，反倒是有意让对方胜一两局，既不妨碍自己总体上的获胜，又不使对方太失面子。比如有些象棋高手，在连赢几盘后，往往会有意地走错几步，让对方最后赢一两盘。为人处世正像下象棋，只有那些阅历不深的小青年，才会一口气赢对方七八盘，对方已涨红了脸、抬不起头，他还一个劲地喊“将”。其实，作为社交活动，并非正式比赛，对输赢不必那么认真，主要目的还是交流感情，增进友谊，满足文化生活的需要；否则，计较起来，会给对方造成不佳的心情。

因此，在社会交往中，我们不但要尽量避免因自己的不慎造成别人下不了台，而且要学会在对方可能不好下台时。巧妙及时地为其提供一个“台阶”，这就为我们以后更深的交往铺设了一架云梯。

金无足赤，人无完人。在生活中，谁都可能有错误和失误，谁也有可能陷入尴尬的境地。因而，给人一个台阶是为人处世应遵循的原则之一。英国诗人华兹华斯说过：“正义之神，宽容是我们最完美的所作所为。”给人一个台阶，正是宽容的一种体现。

巧妙圆场计谋多

在社交活动中，能适时地提供一个恰当的台阶，使人免丢面子，是圆场的一大原则。然而，台阶怎么个给法，圆场应该怎么打，并不是所有的人都很清楚。这里有以下几点需要注意：

要注意不露声色

既要使当事者体面地“下台阶”，又尽量不使在场的旁人觉察，这才是最巧妙的“台阶”。

有一则报道很能启发人。一次，一位外国客人在天津水晶宫饭店请客，请 10 个人要 3 瓶酒。饭店女服务员小丁知道 10 个人 5 道菜起码得有 5 瓶酒，看来客人手头不那么宽裕。于是，她不露声色地亲自给客人斟酒。5 道菜后，客人们的酒杯里酒还满着。这位外宾脸上很光彩，感激小丁给他圆了场，临走时表示下次还来这里。善于交往的人往往都会这样不动声色地让对方摆脱窘境。

要注意用幽默语言作为“台阶”

幽默是人际交往的润滑剂，一句幽默语言能使双方在笑声中相互谅解和愉悦。作家冯骥才在美国访问时，一位美国朋友带着儿子到公寓去看他。他们谈话时那个壮如牛犊的孩子，爬上冯骥才的床，站在上面拼命蹦跳。如果直截了当地请他下来，势必会使其父产生歉意，也显得自己不够热情。于是,冯骥才便说了一句幽默的话:“请你的儿子回到地球上来吧!”那位朋友说:“好,我和他商量商量。”结果既达到了目的,又显得风趣。

要注意尽可能地为对方挽回面子

有时某种意外情况使对方陷入了尴尬境地，这时，你在给对方提供“台阶”的同时,如能采取某些妥善措施,及时为对方面子上再增添一些光彩,那是最好不过了。必定会使对方更加感激你,就像前面周总理帮助苏联翻译的做法。帮助对方挽回面子,会使他感激不尽。

指鹿为马,巧妙化解

有时某种行为在特定场合中虽有着特定意义,但圆场者为了化解,却巧妙解释为另一种意义。戈尔巴乔夫偕夫人赖莎访问美国时,在赴白宫出席里根送别宴会途中,突然下车和行人握手问好。苏联保安人员急忙冲下车,围上前去,喝令站在戈尔巴乔夫身边的美国人把手从口袋里抽出来。他们担心行人口袋里有武器,行人对此却一时不知所措。这时,身后的赖莎十分机智,立即出来打圆场,她向周围的美国人解释说,保安人员的意思是要人们把手伸出来,跟她丈夫握手。顿时,气氛变得热烈了,人们亲切地同戈尔巴乔夫握手致意。这里,赖莎机巧应变,妙打圆场缓解了当时尴尬的场面。

善用假设,巧避锋芒

在特定的交际场合,有时碍于面子,有时把握不准,可以用假设句去表达。甲有两个朋友乙和丙,不料这二人反目成仇。一天乙对甲说,丙在众人面前说甲的坏话并揭其隐私。甲听后半信半疑,责怪丙,怕冤枉好人;不责怪他,一来怒气难消,二来怕乙尴尬。他琢磨了一会,说了一句两全其美的话:“如果那样,丙这人可不怎么样。”

当遇到与师长、上级辩论,你认定自己的观点绝对正确,可是出于礼貌或无奈不能坚持时,假设句是很好的解围方式。一名学生和班主任争论男生能不能到女生宿舍串门,老师一口咬定绝对不能。学生很长时间不能说服老师,又见老师似有怒意,为了结束争论,给老师一个台阶下,他巧妙地说:如果老师说得正确,那我肯定错了。这本是一句废话,它并没有肯定老师的观点,然而这位老师听后却不再争执了。

有时,对猝不及防或不愿、不好回答的提问,也可采用这种句式。由于附加了假设的条件,使表达变得婉转,所以问话者、说话者和涉及对象都能接受。

承认错误,诚恳致歉

在人生中,各种矛盾屡见不鲜,但许多矛盾是可以通过道歉消除的。某人曾是文艺界的主管领导,由于政治形势的原因,使他不得不充当整人的角色,而且后来自己也沦为挨整者。但他仍然对“文化大革命”中文艺界许多人的挨整负有不可推卸的责任,因而文艺界有许多人对他十分反感。然而十年浩劫结束之后, 由于他在许多会议上对自己的行为进行十分沉痛的反思,多次向那些被他整过的人道歉,从而得到了很多理解。他和许多人的矛盾,也在道歉中得到了化解。

以上介绍了六种常用的圆场术,还望诸君能够举一反三,活学活用。怎样才能圆得巧妙和恰当,实际上很难穷尽其法,阐明奥妙于一文一章之中。发挥自己的聪明才智,并时时留心他人的高明做法,这才是圆场术取得进步的不二法则。

所谓打圆场,是指交际人双方争吵或处于尴尬处境时,由第三者出面进行调解的一场方法。打圆场运用得好,可以融洽气氛、联络感情、消除误会、缓和矛盾、平息争端,还有利于打破僵局,解决问题。

正确处理突然变故

在人际交往中总是会出现各种各样的突发事件，那么发生这些突然变故的时候，我们应该怎样处理才能够避免难堪，不激发矛盾，让事情朝好的方向发展呢？以下几个方法值得我们学习：

用情感化

在美国经济大萧条时期，有一位17岁的姑娘花了很长时间才找到一份在高级珠宝店当售货员的工作。在圣诞节的前一天，店里来了一位30岁左右的贫民顾客，他衣衫褴褛，一脸的悲哀、愤怒，并用一种不可企及的目光，盯着那些高级首饰。这个姑娘要去接电话，一不小心把一个碟子碰翻，6枚精美的金戒指落到地上，她慌忙捡起其中的5枚，但第6枚怎么也找不着。这时，她看到那个30岁左右的男子正向门口走去，顿时，她醒悟到了戒指在哪。当男子的手将要触及门柄时，姑娘柔声叫道："对不起，先生！"

那男子转过身来，两人相视无言，足足有1分钟。"有事吗？"他问，脸上的肌肉在抽搐。

这个姑娘一时竟不知说些什么，怔在那里。"什么事？"他再次问道。

"先生，这是我头回工作，现在找个事儿做很难，是不是？"姑娘神色黯然地说道。

男子长久地审视着她，终于，一丝柔和的微笑浮现在他脸上。

“是的,的确如此。”他回答,“但是我能肯定,你在这里会干得不错”。

他停了一下,然后向前一步,把手伸给她说:“我可以为您祝福吗?”

然后他转过身,慢慢走向门口。

姑娘目送着他的身影消失在门外,转身走向柜台,把手中握着的第6枚金戒指放回了原处。

这位姑娘成功地要回了青年男子偷拾的第6枚金戒指的关键是,在尊重谅解对方的前提下,以“同是天涯沦落人”的凄苦言语触动对方的同情心。对方虽是流浪汉,此时却握有打破她饭碗的金戒指,极有可能使她沦为“流浪女”。因此。“这是我头回工作,现在找个事做很难”,这句真诚朴实的表白,却饱含着惧怕失去工作的痛苦之情,也饱含着恳请对方怜悯的求助之意,终于感动了对方,对方也巧妙地交还了戒指。试想,如果叱责怒骂,甚至叫来警察,也能找回戒指,但姑娘的“饭碗”很可能就此砸了。

顺水推舟

在招待宴会上,三位外宾吃完最后一道菜,其中一位顺手把制作精美的景泰蓝食筷“插入”自己的口袋。这时,服务小姐看到了,不过她没有当场给外宾难堪,而是不露声色地迎上前去,双手捧着一只装有景泰蓝食筷的绸面小匣说:“先生。我发现您在用餐时,对我国景泰蓝食筷颇有点爱不释手之意,非常感谢您对这种精细工艺品的赏识。为了表达我们感激之情,经理同意把这双图案最精美的景泰蓝食筷赠送给您,并按最优惠价格记在您的账上,您看好吗?”

这位外宾自然明白这些话的弦外音。在表示谢意之后,他借口多喝了两杯,误将食筷插入衣袋,借此下了台阶。中国的景泰蓝工艺堪称世界一绝。这位外宾爱不释手,并想浑水摸鱼,据为己有,也情有可原。但如果听之任之,则不仅国家财产要受损,而且会引起连锁反应,后果严重。因此,制止是必需的,但不能直言不讳地指责,那样会置对方于难堪的境地,严重的话可能造成国际上的不良影响。服务小姐顺水推舟的手法,既保住了客人的面子,又挽回了国家的损失。

把对方带到正途

一次,老张到外地去办事。临返回时恰好遇见邻厂的一辆卡车,他就想搭这辆卡车回去,尽管张师傅不认识司机,但是经过交谈还是搭上了车。老张回到家后才发觉有只提包放在车上忘记带回了。他立即返回去找,但提包已经没有踪影了。第二天,老张找到司机家中,先感谢他帮忙捎脚儿,然后说自己忙乱中把一只提包落在车上了。他说:"一发现提包不在,家里人就催我快找。我说不用着急,那位师傅的为人很好。又没别人,他见到后一定会帮助收起来的。"听了老张这番话,司机略一思忖,说:"收车后发现有只提包,我断定是你忘记拿走,放在车上怕出差错,就拿回来了。"说着,从里屋拿出了那只提包。

老张的提包失而复得,绝非偶然。他找到那位司机后,除了十分客气地感谢司机帮忙外,几句话说得非常自然、得体,毫不矫揉造作。在介绍自己忙乱中把一只提包遗忘在车上的情况后,转述与家人的对话巧妙地赞颂了司机。他说"师傅的为人很好",是称赞他品行端正、情操高尚、乐于助人,不会贪小便宜;说"他见到后一定会帮助收起来的",则是称赞其责任心强,处理问题非常小心在意,妥善周到。这就明确地表达了对司机为人处世、人格道德的肯定与尊重。这种肯定与尊重,则满足了对方希望得到他人尊重和做一个高尚的人的心理需要。司机在得到激励的同时把提包还给了老张。

编者小语

在社会交往中,每个人难免会遇到突然变故,如果处理不当,变故就变成事故了,严重时,会让你破财、失去工作,所以对于突然变故时,一定要正确处理。

如何照顾熟人的面子

有时在人际应酬中，既要考虑到照顾熟人面子，又不得不拒绝，这时就要注意如下几点：

推给专人处理

如果有接待此类推销员的专属负责人时，就叫该负责人出面应付。你可说："我们每个部门都有专属负责人决定这些业务事宜，我请他来和你谈谈。"接着站起身来，交代负责人要妥当地应付。不过，并非自己躲避起来，叫负责人去收场。自己必须也在场，用二对一的方式比较好拒绝。

推说要由会议决定

"贵公司的产品确实不错。不过，如果我们各个营业处都要采用的话，光是我一个人是不能决定的，必须等召开会议讨论之后才能给您答复。总之，我们会跟您联络的。"

把对方希望大量购买的意愿当做借口，以必须由会议决定来拒绝。会议是由多数人决定的，这么一来，既不会伤到介绍者的面子，也可以轻易地说"不"。

求人，不一定有求必应；人求己，也不一定都如愿以偿。如何在推辞中，不仅不得罪人,反而能赢得别人的理解,这才是一种高明的应酬术。

拒绝,不仅要晓之以理,委婉地陈述原因,还要诉之以情,特别是诉之以诚。只有这样,才能使对方将心比心,即使自己的需求未满足也不宜动怒。

相传,大戏剧家萧伯纳派人送给首相丘吉尔两张戏票和一封短笺,上面写道:“来看我的戏吧,如果你有朋友就请带上一个。”丘吉尔不愿接受这个邀请,于是找人答复道:“首场演出我没有空去,但我愿意第二天晚上去看,如果你的戏还演第二场的话。”

从交际的角度看,既推辞了别人的邀请,又没有失礼,这就是艺术。而那种简单的直爽式拒绝或否定——留给人的是一种冷冰冰、硬邦邦的感觉,有损于和谐的人际关系。所以,每个人都应学会积极的应酬术——拒绝,它能使你失而复得。

对于许多人来说,拒绝别人是一件很难的事情。当别人提出要求时,他们不好意思张口说“不”,因为这样很可能会伤害对方的感情,使两个人关系疏远。如果答应了别人的要求,自己确实有难处,或者自己的利益会损失很大,这时,我们就应该拒绝别人。但是拒绝别人也要考虑对方的情感,尽量做到不伤害双方的感情。怎样说“不”,的确是一门学问。

我们在拒绝别人时应该注意不使他们的面子受损。如果既拒绝了别人的要求，又让他们丢了面子，那么他们心中产生不满之情是在所难免的。如果能在拒绝别人的要求时不让对方丢面子,让人非常体面地接受拒绝,就是非常得体的拒绝。

三国时期的华歆在孙权手下时,名声很大。曹操知道后,便请皇帝下诏招华歆进京。华歆启程的时候,亲朋好友千余人前来相送,赠送了他几百两黄金和一些礼物。华歆不想接受这些礼物,但是如果当面谢绝肯定会使朋友们扫兴,伤害朋友之间的感情。于是他便暂时来者不拒,将礼物统统收下来,并在所收的礼物上偷偷记下送礼人的名字,以备原物奉还。华歆设宴款待众多朋友,酒宴即将结束的时候,华歆站起来对朋友们说:“我本来不想拒绝各位的好意,却没想到收到这么多的礼物。但是,匹夫无罪,怀璧其罪。想我单车远行,有这么多贵重之物在身,诸位想想我是否有点太危险了呢?”朋友们听出了华歆的意思,知道他不想收受礼物,又不好明说,使大家都没面子。他们内心里对华歆油然而生出一种敬意,便各自取回了自己的礼物。

假使华歆当面谢绝朋友们的馈赠,试想千余人,不知道要推谢到什么时候,也不知道要费多少口舌,还会使大家都很扫兴,甚至感到非常尴尬。而华歆却只说了几句话便退还了众人的礼物,又没有伤害大家的感情,还赢得了众人的叹服,真可谓一箭三雕。

“不”字谁都会说,但怎样说才能既不伤害对方,又不使自己为难,却不是每个人都能做得到的事。拒绝他人,最困难的就是在不便说出真实的原因时又找不到可信而合理的借口。那么,我们不妨在别人身上动脑筋,比如以家人为借口。

当一个推销员上门推销时, 一个女士的态度礼貌而坚定:“我的婆婆不让我在家门前买任何东西。”你瞧,我不买你的商品,不是因为我不愿意掏腰包,而是为了保持和婆婆良好的关系。这样一来,推销员既不会因为你没买他的商品而怨恨你,也会感到再说下去也是白费口舌,只好作罢。

当有人请求你帮助时,在力所能及的范围内,应该尽量给予帮助。但碰巧实在无能为力的事,你无法给予对方帮助,也不要急于把“不”字说出口。不要使对方感到你丝毫没有帮助他解决困难的诚意,否则,在别人眼中你会是一个自私而缺乏同情的一个人。

当别人向你提出不合理的要求时,不要简单地拒绝,而应该让他明白他的要求是多么荒唐,如果答应他的要求,你会遭受什么样的后果,从而使他自愿放弃无理的要求。

在拒绝的同时说服对方为得到其所求还应做些什么, 这一点对担任领导职务的人尤其重要。比如你的属下向你提出的要求得不到你的满意答复,你不妨告诉下属应该努力的方向,使他始终看到希望。与此相比,你的拒绝就显得微不足道了,既不会挫伤他的自尊心,也不会伤害你与下属之间的感情。

电话拒绝

有时候碍于面子,当面不好意思拒绝朋友。这种情况下,你可以让朋友先回去,告诉朋友等你考虑之后再给他答复,然后,打个电话把你的意见告诉他。这样,双方不见面就可以避免不好启齿或造成尴尬。

接受指责

遭到了你的拒绝,对方的要求不能达到,他必然会对你加以指责。对此,你可以表示接受。这里,需要注意的是,千万不能中了对方的激将法。比如他说:"我就知道你可能做不到,看来真是这样。"这时,你不妨付之一笑,承认自己能力有限,"做不到"他要求的事。

如果不会拒绝,碍于情面随便夸下,那是于事无补的,反而会给自己带来麻烦。

当然,拒绝别人的要求并不是一件容易的事。不仅要明确拒绝,而且要委婉,使自己的拒绝藏而不露。因为我们每一个人都有自尊心,希望能得到别人的重视,同时也不希望别人不愉快。这就要求我们拒绝人要讲究技巧,既要拒绝对方的不适宜要求,又不伤害对方的自尊,也不损害彼此的关系。

传统的中国社会是个"熟人社会"、"人情社会",注重"礼尚往来",有时甚至是礼大于法。社会学家费孝通先生对此做过详细的描述:人们按亲疏、内外、生熟,区别对待与之交往的不同对象;其特点是人与人之间有着一种私人关系,人与人通过这种关系联系起来,构成一张张关系网,"背景"和"关系"是熟人社会的典型话语。更有专家说"中国式社交"的本质特点就是"熟人社交"。

善意的谎言也很重要

虽然撒谎并不是一件好事情，但是，在各种各样的交际场合为了避免让人难为情，有的时候我们还需要一些善意的谎言，它是人际交往的润滑剂，更是一种生存的智慧。

美国男子克尔一生耿直，憎恶在人际交往中有任何虚假。为此，他在60年生命旅途中付出了沉重的代价，并终于有所醒悟。他痛苦地发现自己竟找不到一个可以倾心交谈的人，连妻子和儿女也已离他远去。克尔只能把自己的新想法写在日记里，讲给自己听。克尔这样说："我到现在才相信，人与人相处是没有绝对诚实的。有时候，假话和假象更能促进友情和爱情。"

克尔的经历是人类多少年来困惑的缩影。我们倡导人与人之间应该坦诚相待，结果却发现坦诚在许多时候会使我们遭遇尴尬。只是人们为了维护心目中一种虚幻的纯洁和躲避政治的禁忌，才无法解释这种现象。克尔不是政治家，也不再需要虚幻，所以他把人类长期以来羞于启齿的隐秘说了出来。很多时候，交际并不需要真实。

一位涉世未深的青年曾给一位作家写信，倾诉和克尔一样的苦衷。他从小受到诚实的熏陶，可是走上社会不久，却因为真话屡遭白眼。他希望能找出原因，但是这样的问题绝不是一封信所能说清楚的。作家考虑再三，干脆只给了这样两句话："当我的父亲与我探讨家庭大计时，我绝对不会说假话，而当我的母亲因病将不久于人世时，我会对她说'没关系，医生说你马上就会好的'。"这就是说真话和说假话的区别。

从某种意义上来说,世界上没有不说谎言的人。许多谎言在形式上与人际问真诚相处不一致,但在本质上却吻合于人的心理特征。人都不希望被否定,人都希望猜测中的坏消息最终是假的。为了人们许多合理的心愿暂时不被毁灭。善意的谎言就开始发挥作用。然而,善意的谎言必须注意以下三条技巧:

真实

谎言是无法真实的,我们可以选择一种模糊不清的语言来表达真实。

如果一位朋友穿着新买的时装,问我们是否漂亮,而我们觉得实在难看时,我们便开始模糊作假,回答说:"还好。""还好"是一个什么概念,是不太好或是还可以?这就是谎言中的真实。它区别于违心而发的奉承和谄媚。

合情合理

这是谎言得以存在的重要前提,许多谎言明显是与事实不符的,但因为它合情理,因而也同样能体现我们的善良、爱心和美好。经常有这样的问题:妻子患了不治之症不久将要死去,丈夫为之极感颓丧。他应该让妻子知道病情吗?大多数人认为:丈夫不应该把事情的真相告诉她;也不应该向她流露痛苦的表情,以增加她的负担,而应该使妻子生命的最后时期尽可能快活。当一位丈夫忍受着即将到来的永别时,他那与实情不符的安慰会带给我们更多的感动,因为这个谎言里面有别人无法体会的艰难的克制。

必须性

这指有些谎言是非说不可的。

这种必须有时候是出于礼仪。例如,当我们应邀去参加庆祝活动前遇到不愉快的事情时,我们必须把悲伤和恼怒掩盖起来,带着笑意投入欢乐的场合。这种掩盖是为了礼仪需要，怎能加以扼制？

有时候我们说谎是为了摆脱令人不快的困境。例如，美国官员曾经就一项新法案征求意见，有关人员询问罗斯："你赞成那个新法案吗？"罗斯说："我的朋友中，有的赞成，有的反对。"工作人员追问罗斯："我问的是你。"罗斯说："我赞成我的朋友们。"

如果我们按照上述三条规则去处理生活中那些不得不说的善意的谎言，它肯定会给我们带来魅力。只要我们心存真实，把善意的谎言仅作为交际的一种策略，就是美丽的谎言。它是在善意基础上交际的必要策略。这同丑恶的假话，同以不可告人的目的编造的谎言相比，两者有着本质区别。那种心术不正、诈骗、奸佞、诬陷的人迟早会搬起石头砸自己的脚。

善意的谎言是美丽的，这种谎言不是欺骗不是居心叵测。当我们为了他人的幸福和希望而适度地撒一些小谎的时候，谎言即变为理解、尊重和宽容，而且具有神奇的力量，没有任何的不纯洁。

善于化解同事之间的矛盾

同事之间的矛盾,经常比朋友间的矛盾还复杂。同事与你在一个单位里工作;整天抬头不见低头见,彼此之间免不了会有各种各样鸡毛蒜皮的事情发生,引出不必要的瓜葛和冲突。这种瓜葛和冲突有些是表面的,有些是背地里各种的不愉快交织在一起引发的矛盾。单位里,这样的人越多,人际关系越复杂,"内耗"越严重,工作效率越低。相反,大家都集中精力工作,不过多地关注别人的缺点,人际关系就会比较正常、简单,工作效率就会提高。

一定不要发生正面争吵

在日常生活中,人们往往会与三种人发生争吵,一是与不一起共事的人发生争吵,二是与家人争吵,三是与同事争吵。这三种争吵会产生三种不同的结果。与不一起共事的人发生争吵,因为平日不在一起工作和生活,吵过之后双方走人,一般不会再使争吵和矛盾有继续的可能;家人之间的争吵,因为有血缘或亲情关系,一般吵过之后重归于好;而同事间若是发生争吵,麻烦就比较大了。因为同事之间争吵之后仍然要在一起共事,甚至要相互竞争,这种特别的交际关系,使得同事间的交际情感裂缝比较难以弥合,情感创伤也较难以复平,情感隔阂相对难以消除,这将使同事间的人际环境蒙上阴影。所以,与同事交际最忌讳争吵。那样会把整个办公室的气氛都给弄僵,大家自然把责任都推到你的身上。更何况,上司最不喜欢下属因私事交恶而影响工作。

所以,你要冷静面对,千万别说过火的话。例如:“你凭什么在背后说我的坏话”、“你这小人”。对这样的同事,你只要暗中与他疏远就行了。“路遥知马力,日久见人心。”时间长了,谁是什么样的人,大家自然是再清楚不过了。

要勇于承认自己的错误

“智者千虑,必有一失。”每个人都会犯错误,但并非每个人都能勇敢地承认自己的错误。有些人总认为别人会因此而看不起自己。其实,真正有能力的人是勇于承认自己的错误的。

即使你的同事纠正错误的方式让你很丢面子,你也应虚心地接受。但这并不意味着每当有过分好斗的同事向你发起攻击时,你都要举手投降。你应该力求客观地对待他的意见, 即使这种意见不是用一种特别客观的方式表达出来的。

假如你的同事在公开场合责备你,而情况又不属实,是他故意使你难堪。这个时候你该怎么做?你可以心平气和地直言:“我们是否私下谈谈这个问题?我要求你把情况搞清楚了再说话。如果你不注意尊重事实,那我以后很难再信赖你。”这样既澄清了自己,又给对方一个下马威。

此外,有个小秘密要记在心里:你承认错了,常常能够让对方闭嘴。这是一种制造惊人沉默的经典方法。

对挑衅性的话语不要理会

有时, 我们会听到别人威胁性的问题,“你以为你是谁”、“你们那所高级学校难道没教你点有用的东西吗” 这些问题以及由此衍生出来的多种责难形式,其实就是为了使你难堪。对于这种伤人自尊的刁难,你根本就不需要回答,更不要因为这些话而暴怒,以致于引发严重的后果。索性当它们压根就没从你同事的嘴里出来过，只管回到你的工作中去。这样，你不给同事向你破口大骂的机会，还有可能让别人觉得他是在无理取闹。

积极主动化解怨恨

与同事间的矛盾绝大多数是因一些琐事引起的，若是总在小事上斤斤计较，不但合作起来显得尴尬，还会落下一个气量小的坏名声。所以，不妨尝试着抛开过去的成见，大事化小，小事化了，友善地对待他们。一开始，他们可能会心存芥蒂，而且会认为这是个圈套而不予理会。耐心些，没有问题的，将过去的积怨平息的确是件费工夫的事。

小马在五年前还是基层车间的一名钳工，从厂宣传部调来一位姓方的部长见小马文笔不错，便顶着压力将小马调进了宣传部当了宣传干事。小马一直将方部长的知遇之恩铭记在心。两年后，小马抽到厂办当了秘书，成了厂办王主任的部下，精明的小马很快就得到了王主任的喜欢。

没过多久，小马忽然感到方部长和他渐渐疏远了。一了解才知，现在的领导王主任和从前的领导方部长之间有私人恩怨，因而方部长总是怀疑小马倒向了王主任那边。其实，引发方部长对小马误解的“导火线”很简单，就在前段时间的一个下雨天，小马给王主任打伞，没给方部长打伞。事实上小马从后面赶上给王主任打伞时，确实没有看见方部长就在不远处淋着雨，误解就此产生了。

一气之下，方部长在许多场合都说自己看错了人，说小马是个忘恩负义的人，谁是他的上级，他就跟谁关系好。但实际上小马其实根本不是这样的人，他也浑然不知发生的这一切。直到方部长在人前背后说小马的那些话传到小马耳朵里，小马才感到事情的严重性。

对此，小马首先是让时间做公证。他相信“路遥知马力，日久见人心”。方部长在气头上说自已是忘恩负义的人，一定是自己在某一方面做得不好，现在向方部长解释自己不是那样的人，方部长肯定听不进去，自己到底是什么样的人，还是让事实来说话，让时间来检验吧！

其次，小马采取了以下六个方法努力消除方部长对他的误解。

(1)极力掩盖矛盾。每当有人说起方部长和自己的关系不好时,小马总是极力否认没有此事,他不想让更多的人知道方部长和自己有矛盾。小马此举的目的是想制止事态的扩大,更利于缓和矛盾。

(2)公开场合注意尊重领导。方部长和小马在工作中经常碰面,每次小马都是主动和方部长打招呼,不管方部长爱理还是不理,小马脸上总是挂着微笑。有时因工作需要和方部长同在一桌招待客人,小马除了主动向方部长敬酒,还公开说自己是方部长一手培养起来的,自己十分感激方部长,小马此举的目的是表白自己时刻没有忘记方部长的恩情,又怎是忘恩负义之人?

(3)注重褒扬领导。小马深知当面说别人好不如平常褒扬别人效果好。于是,小马经常在平常的工作生活中对别人说起方部长对自己的知遇之恩,自己又是如何感激方部长。当然,这些都是小马的心里话。如果有人背地里说方部长的坏话,小马知道后则尽力为方部长辩护。小马此举的目的是想通过别人的嘴替自己表白真心,假若方部长知道了小马经常褒扬自己,肯定会高兴的,这样更利于误解的消除。

(4)紧急情况"救驾"。平时工作中,小马若知方部长遇到紧急情况,总是挺身而出及时前去"救驾"。如有一次节日贴标语,方部长一时找不着人,小马知道后,主动承担了贴标语任务。类似的事情,小马一直是积极去做。小马此举的目的是想重新博得方部长的好感,让方部长觉得自己没有忘记他,仍是他的部下,有利于方部长心理平衡,消除误解。

(5)找准机会解释前嫌。待方部长对自己慢慢有了好感以后。小马利用同方部长一同出差外地开会的机会,与方部长进行了交流。方部长最终还是被小马的诚心打动,说出了对小马的看法以及误解小马的原因——"雨中打伞"的事。小马闻听再三解释当时自己真的没看见方部长,希望方部长不要责怪他。方部长也表示不计前嫌,要和小马的关系和好如初。

(6)经常加强感情交流。方部长对小马的误解烟消云散之后,小马不敢掉以轻心,而是趁热打铁,经常找理由与方部长进行感情交流,或向方部长讨教写作经验,或到方部长家和他下棋打牌。久而久之,方部长更加喜欢这个昔日部下了。小马此举的目的是通过经常性的感情交流增进与老领导之间的友谊。工夫不负有心人，在小马的不懈努力下，方部长对小马的误解彻底没有了，反倒觉得以前说的话有点对不住小马。从那以后，方部长逢人就夸小马好样的，两人的感情与日俱增。

有人的地方就有矛盾。当同事之间出现严重矛盾时，会使主管感到苦恼，一旦处理不好，还会把自己带进矛盾的旋涡之中。面对这些矛盾，首先是不要害怕矛盾，其次是正确认识和对待矛盾，再次才是如何处理好矛盾。

巧妙打破交际中的“僵局”

同事之间由于工作的需要，常常在不同的场合中有多种交际，因此彼此之间难免会出现交际的“僵局”。此时，就需要灵活机变才能巧妙地打圆场，帮人解围。在自己失误时，也要善于补救，能够自圆其说，这是工作能力的一种体现，也需要具备一定的技巧。在人际交往中，这种技巧的使用场合很多。

简单来讲，能适时地提供一个恰当的台阶，使人免丢面子，是打圆场的重要目的。那么圆场应该怎么打呢？

调侃自嘲，自找台阶，低调退出

一群二十年后相见的老同学中，有一男一女是老同桌，因而说话遮拦便少一些。女同学不久前丈夫因病去世，男同学并不知道，因而在玩笑中一无顾忌地提及其丈夫。另一同学知情便忙阻止，但他不知其详，玩笑开得更为厉害。阻止的同学只得说出实情，这名男同学可谓无地自容，非常尴尬。不过他迅速回过神，先是在自己脸上打了一下，之后调侃地说：“你看我这嘴，几十年过去了，还和当学生时一样没有把门的，不知高低深浅，只知道胡说八道。该打嘴！该打嘴！”女同学见状，虽有说不出的苦涩，仍大度地原谅了老同学的唐突，苦笑着说：“不知者不为怪，事情过去了，现在可以不提它了。”一旦因自己失误而造成不好下台，最聪明的办法：多些调侃,少些掩饰;多些自嘲,少些自以为是;多些低姿态,少些趾高气扬。像上面的无意中触人隐痛的男同学那样,用调侃自嘲之法,低调退出,便容易轻松地找到可下的台阶。

谁都有可能碰上难下台阶的情境,但只要能多想办法,给自己找一个台阶也并不是太难的事。找台阶下的好方法有一个共同点:都要在窘境中及时调整思路,选择一个巧妙的角度,改变眼前的被动局面,想方设法争取主动。

善用虚荣心,以恭维圆场

古往今来,君子小人无不爱听好话,有对当事人十分懊恼或不快时,只要旁人说几句得体的美言,便烟消云散了。

有一次,解缙陪朱元璋在金水河钓鱼,整整一个上午一无所获。朱元璋十分懊丧,便命解缙写诗纪之。没钓到鱼已是够扫兴了,这诗怎么写?解缙不愧为才子,稍加思索,念道:"数尺丝纶落水中,金钩抛去永无踪,凡鱼不敢朝天子,万岁君王只钩龙。"朱元璋一听,龙颜大悦。

南朝宋文帝在天泉池钓鱼,垂钓半天没有任何收获,心中不免惆怅。王景见状便说:"这实在是因为钓鱼人太清廉了,所以钓不着贪图诱饵的鱼。"一句话说得宋文帝拿起钓竿高兴地回宫了。

承认错误,诚恳致歉

在人生中,各种矛盾屡见不鲜,但许多矛盾是可以通过道歉消除的。其中,伤害了别人的人,只要能多些自我反省,勇敢地承认自己的错误,向受害人诚恳道歉,便不难化解矛盾。

周扬是文艺界的主管领导,尽管有政治形势的原因,使他不得不充当整人的角色,而且后来也成为被整者之一。但他对"文革"中文艺界许多人的被整有不可推卸的责任,因而文艺界有许多人对周扬都非常反感。然而"十年浩劫"结束之后,由于周扬在许多会议上对自己的行为作十分沉痛的反思，多次向许多被他整过的人道歉，即使一些人仍耿耿于怀，但毕竟没有太多的人说周扬一无是处。

编者小语

人际交往中有一种“僵峙”现象：彼此虽同处一个交际圈，但为微妙心理所控制，双方关系长期处于对峙、僵持状态，谁也不肯或不愿主动改变这种现状。即使有着交际需要或愿望，也较劲弄气，支撑到底。它没有对立、对抗那么严重和公开，却是交际中的一种消极现象，是必须克服的。

说服别人要委婉

在社交活动中,常常需要说服别人同意自己的观点,这是难免的。但是如何说服别人呢？动听的言辞,温和委婉的语气,真诚且平易近人的态度,曲折隐晦的暗示,这就是委婉的说服术。使对方理解自己,信任自己,在交流中占领主动,从而达到说服别人的目的。

法国企业家拉梯哀,有一次专程赶到印度新德里找拉尔将军谈一笔飞机销售的大买卖。

到了新德里之后,拉梯哀几次约拉尔将军洽谈,都未能如愿。他最后总算找到了拉尔将军。拉梯哀在电话里只字不提飞机合同的事,只是说,“我到加尔各答去,专程到新德里以私人名义来拜访将军阁下,只要 10 分钟,我就满足了。”拉尔将军勉勉强强地答应了。

秘书引着拉梯哀走进将军办公室,他板着脸对拉梯哀嘱咐道:“将军很忙！请勿多占时间！”拉梯哀心想:太冷漠了,看来生意十有八九要告吹。

“您好,拉梯哀先生！”将军出于礼貌伸出了手,他想三言两语把客人打发走。

“将军阁下！您好！”拉梯哀表情真挚、坦率地说:“我衷心向您表示谢意,感谢您对敝公司采取如此强硬的态度……”

“……？”将军一时莫名其妙。

“因为您使我得到一个十分幸运的机会:在我过生日的这一天,又回到自己的出生地。”

“先生,您出生在印度吗?”将军微笑了。

“是的!”拉梯哀打开了话匣子,“1929年3月4日,我出生在贵国名城加尔各答。当时,我的父亲是法国歇尔公司驻印度代表。印度人民是好客的,我们全家的生活得到了很好的照顾。”

拉梯哀娓娓动情地谈了他对童年生活的美好回忆:“在我过3岁生日的时候,邻居的一位印度老大妈送给我一件可爱的小玩具,我和印度小朋友一起乘坐在大象背上,度过了我一生中最幸福的一天……”

拉尔将军被深深感动了,他当即提出邀请说:“您能来印度过生日太好了,今天我想请您共进午餐,表示对您生日的祝贺。”

拉梯哀在汽车驶往餐厅途中,打开公文包,取出一张颜色已经泛黄的照片,双手捧着。恭恭敬敬地展示在将军面前:“将军阁下,您看这个人是谁?”

“这不是圣雄甘地吗?”

“是呀,您再瞧瞧左边那个小孩,那就是我。4岁时,我和父母一道回国,途中,十分幸运地和圣雄甘地同乘一条轮船,这张合影就是那次在船上拍的,我父亲一直把它珍藏着。这次,我要去拜谒圣雄甘地的陵墓……”

“我非常感谢你对圣雄甘地和印度人民的友好感情。”

午餐自然是在亲切融洽的气氛中进行的。

当拉梯哀告别将军时,这宗大买卖已经拍板成交了。

拉梯哀在这次会谈中,以非常真诚的态度、委婉的语言、动人的回忆,巧妙地与将军交谈,他在融洽祥和的气氛中,说服了将军,成交了这笔大买卖。生动体现了“委婉说服术”,而且它由于易于接受,在商务交易中被广为采用。

“风和太阳比赛,看谁能使戴斗篷的游客脱掉斗篷。冷风拼命地吹,想吹掉斗篷,结果游客反而戴得更紧了。太阳出来了,暖洋洋照着那位游客,只一会儿功夫,那位游客就自动地除掉斗篷,坐在树荫下纳凉”。这则寓言则告诉我们,委婉的说服比强迫更有效,言辞激烈、声色俱厉的批评,只能让人感到反感,人要具备一个说服者所具备的素质,我们要具有一颗宽容的心,态度要诚恳。如果你做到,你的人际交往将更顺利。

与社交对象建立感情联系。聪明的社交者往往对听众的感情状态有着强烈的感觉，他们会根据听众的情况调整自己的声调。他们通常会游说那些对社交对象的情绪和期望具有重大影响的关键人物。没有感情的交流，是没有生命力的。在与人交往时，必须使你的热情程度与他们接受这种信息的能力相匹配，如果你的热情过高会让人认为你没有理智，如果你没有热情又会让人怀疑你的态度。

诚恳的待人态度，这是社交中必须具备的，不管是地位高贵的外宾、上级领导，还是普通顾客、消费者，都应一视同仁，言辞坦率、诚恳，做到举止端庄而不矜持冷漠，态度谦逊而不娇柔做作。要想达到与公众间的心理沟通，得到公众的支持，只有这样才能做到交往的顺利与成功。

编者小语

你的态度在社交活动之中是很重要的，可以说是决定着社交的成败，因此要想在社交中取得成功，必须要具有一个诚恳的态度。要坚信，今日的付出，必将化为明日的辉煌！只要有了诚恳的态度，真心诚意的对待彼此，相信没有什么是不可以成功的。

第五章

与人交往从『心』开始

相信自己，赢得信任

随着越来越多的高校毕业生进入社会，大量的研究生，博士生，本科生毕业后，蜂拥而至地扑向了人才市场。在人才招聘会上，我们发现一个很重要的现象，本科生懵懵懂懂一往直前，跑到前面跟招聘单位说，我想应聘你们公司的什么职位，我怎么怎么行。而硕士生有点欲说还羞，把简历投给人家，让人家看一看，说要是有消息请你们通知我，然后扭身就走了。博士生更注重面子，到了那以后，把简历往里跟人一丢，转身就跑，很难跟人打交道。为什么呢？我们曾经碰到一个博士生，他说在招聘会上我们经常挤不进去，根本挤不过这些本科的学生，就把简历叠成纸飞机投进去。这叫投简历，等着人家来招呼你，而不是主动地和人交往，充满自信地让别人来认识你，接纳你，聘用你。

本科生因为年轻自身压力小，在人际交往的过程中的顾虑少，自信心要足一些。而相对于硕士生和博士生来说，他们年纪越来越大，社会阅历也不断地丰富了，可是他们在人际交往的过程中，顾虑却越来越多，自信心在不断下降。

从心理学上讲，小孩子的自信心比成年人高，因为小孩子往往有一种初生牛犊不怕虎的劲。在他的心里没有恐惧，没有胆怯，他跟人交往的过程中是勇敢的，他是充满了自信的。我们成年人在交往的过程中，有时候经常对我们的某些方面不够自信，比如觉得自己长得不够帅、身材不够好、或者个头不够高。我想告诉大家上天是公平的，当我们每个人在某一方面有缺失的时候，另一方面一定有所长，一定会有所补充，心理学上这叫补偿性满足。

著名的哲学家康德是一个又小又矮又丑的男人，但是上天没有辜负他。虽然他身高不够高，长相不够帅，但是学问足够大。到现在为止，只要提到德国，提到哲学，没有人可以绕开康德。

所以我们就发现了，我们的自信来源于哪里，外表是其一，但是更多的是我们的内涵。

菲律宾的外交家罗慕洛的个子只有一米六三。罗慕洛作为一个外交官在联合国大会的时候，曾经和苏联代表团团长维辛斯基发生了激辩。罗慕洛在发言中讥刺维辛斯基的建议是“开玩笑”，于是惹恼了维辛斯基，他非常轻蔑地对罗慕洛说：“你不过是个小国家的小人罢了。”罗慕洛的确是个矮，但是他做出了许多高个都无可企及，因而更具有轰动效应的事情。维辛斯基话音刚落，他就跳起来告诉联大代表说：“维辛斯基对我的形容是正确的。”他接着话锋一转：“此时此地，把真理之石向狂妄的巨人眉心掷去——使他的行为有些检点，是矮子的责任！”结果赢得了大家热烈的掌声。

小泽征尔是世界著名的交响乐指挥家。在一次世界优秀指挥家大赛的决赛中，他按照评委会给的乐谱指挥演奏，敏锐地发现了不和谐的声音。起初，他以为是乐队演奏出了错误，就停下来重新演奏，但还是不对。他觉得是乐谱有问题。这时，在场的作曲家和评委会的权威人士坚持说乐谱绝对没有问题，是他错了。面对一大批音乐大师和权威人士，他思考再三，最后斩钉截铁地大声说：“不！一定是乐谱错了！”话音刚落，评委席上的评委们立即站起来，报以热烈的掌声，祝贺他大赛夺魁。

原来，这是评委们精心设计的“圈套”，以此来检验指挥家在发现乐谱错误并遭到权威人士“否定”的情况下，能否坚持自己的正确主张。前两位参加决赛的指挥家虽然也发现了错误，但终因随声附和权威们的意见而被淘汰。小泽征尔却因充满自信而摘取了世界指挥家大赛的桂冠。

编者小语

外表只能带给我们一个初步的印象，但是我们的自信来源于我们的内心，来源于我们的修养，来源于我们的理智，来源于我们的内涵。

开放心态，求同存异

曾经碰到一个来自新疆的学生，是一个哈萨克牧民的儿子，他从小的生活就是放羊骑马，后来通过不断地努力考上了大学。

上世纪八十年代，在高校中有一个外乡人，尤其是外民族的人，大家都很惊喜，非常喜欢他，但是，那时候资讯不发达，大家都会提一些看似非常愚蠢但又很贴切问题。新疆到底是什么样，顶多是从电视中看到，辽阔的草原，雪山，牧场，骑着马的少年，欢歌笑语的维吾尔姑娘。大家第一印象都说，你是新疆人吧！可是这个哈萨克的学生很苦恼，他说我们新疆有12个主要的少数民族，我是哈萨克族人。另外，还有很多人会把维吾尔族等同于新疆人，其实维吾尔族也只是新疆少数民族中人数比较多的一个民族而已。经过这样一番解释之后，大家才能够理解，他是哈萨克族。

乌鲁木齐是什么样的？这个学生有些无奈地说，我们乌鲁木齐也是一个国际化的大都市，是中亚国际交往的一个重要的窗口。

可能一开始当他这样说的时候，很多人不太相信，觉得他说话好像不可靠。如果按照惯常，我们就会辩解，可是，这位哈萨克的同学心胸非常开阔，他以开放的心态接纳了大家的不解和猜疑，并告诉大家，在以后的日子里，大家会从他这里，越来越了解他的家乡。

他一改起初那种不断纠正别人错误的交往方式，而改为和大家一起分享的交往方式，让大家跟他一起来想象我们的新疆是什么样的。他以开放的心态告诉大家，我们新疆那种哈萨克的毡房，有漂亮的蒙古包，我们出门就是骑马，骑马上学。这时候，他给大家一个更美好的想象，我们在广阔无垠的草原上上学，今天上数学课，老师就骑着一匹马，马背上挂一块黑板，明天讲语文课，老师又会骑一匹马过来，马背上挂着语文课的黑板，有浪漫的鲜花，蓝天，白云和草地。所有人的脑海里，都冒出了一部电影《音乐之声》，感受到了维也纳的风格。

大家很羡慕他，这时候有一名同学忍不住问，那你们下雨天怎么上课，我们这位哈萨克朋友嘿嘿一乐，下雨放假，我们就回家了。那你们高三的时候，上不上晚自习吗？这位哈萨克朋友跟他们接着就说了，我们的毡房都在草原上，美丽的草原没有电，我们晚上从来不上晚自习，天黑了就睡觉，天亮了就起床。来自于湖北、山东高考大省份的人都很羡慕，你们不用上晚自习，又不用熬夜，下雨了还不用上课，你们太幸福了。结果大家特别愿意和这位开朗开放能够和人坦诚相处的哈萨克同学交往。

假如说当初这位朋友，以封闭的心态，以不断纠正别人错误的理念来跟人交往的话，可能在人际交往的过程中，就有了重重障碍，大家心里会觉得不舒服，你怎么老挑我们的错。但是他改用开放式交往的时候，不断地激发大家的想象，跟大家一起来分享，所以大家会感到非常愉快。

所以开放是人际交往的一个重要环节，它可以使我们的交往变得更加轻松和畅快。

人际交往必须是开放的心态，你想让别人了解你，必须坦诚接纳别人对你的误解，用一个开放的心态来进行人际交往。

要学会换位思考

记得看过一篇文章叫《将心比心》,里面讲了这样一个小故事:一次,作者的母亲去商店,走在她前面的一位妇女推开沉重的大门,一直等到她进去后才松手。当母亲向她道谢时,那位妇女说:“我妈妈也和您的年纪差不多,我只是希望她遇到这种情况,也有人为她开门。”

人际交往什么最重要?心最重要,用心交往是最重要的。你要用心来看对方的心,对方最需要什么。

一个男孩在生日那天收到了爷爷的礼物,那是一只可爱的小乌龟。男孩很喜欢它,总是试着与它玩耍,然而小乌龟却害羞似的一下子把头和脚都缩进了壳里。男孩便用棍子捅它,想把它从壳里赶出来,但小乌龟丝毫未动。爷爷看到了男孩的举动,语重心长地对他说:“孩子,不要这样对待小龟,你要学着将心比心啊,假如你的伙伴也这样对你,你还愿意跟他玩吗?”还没等男孩说话,爷爷已经把小乌龟带进了屋里,放在了暖和的壁炉旁。不一会,小乌龟觉得热了,伸出了头和脚,并缓慢地向男孩爬去……

小乌龟和人一样,也需要温暖。在人际交往中,只有拿出将心比心的善意、真诚和热情,使别人获得温暖后,自己也才能在相互的交流中温暖起来。

有这么一则寓言:一把沉重的铁锁挂在门上,有一个人拿着一根铁棒去敲打它,不管用怎样的力气都打不开。这时另一个人拿出一片小小的钥匙,往锁孔里一放,“咔嚓”一声,锁就开了。等别人都走了,迷惑不解的铁棒问小钥匙:“为什么我用那么大的力气都打不开的锁,你轻轻一下就可以打开呢？"小钥匙的回答是："因为我懂得它的心。"

是啊，人与人之间的交往永远如此。"懂得它的心"，多么简单的字眼，却蕴含了无比深刻的涵义。

过去有一个农民在田间劳动，感到非常辛苦，尤其是在炎热的夏天，感到更是苦不堪言。他每天去田里劳动都要经过一座庙，看到一个和尚经常坐在山门前的一株大树树阴下，悠然地摇着芭蕉扇纳凉，他很羡慕这个和尚的舒服生活。一天他告诉妻子，想到庙里做和尚。他妻子很聪明，没有强烈反对，只说："出家做和尚是一件大事，去了就不会回来了，平时我做织布等家务事较多，我明天开始和你一起到田间劳动，一方面向你学些没有做过的农活，另外及早把当前重要农活做完了，可以让你早些到庙里去。"在别人眼里，其实你很快乐。

从此，两人早上同出，晚上同归，为不耽误时间，中午妻子提早回家做了饭菜送到田头，在庙前的树荫下两人同吃。时间过得很快，田里的主要农活也完成了，择了吉日，妻子帮他把贴身穿的衣服洗洗补补，打个小包，亲自送他到庙里，并说明了来意。庙里的和尚听了非常诧异，说："我看到你俩，早同出，晚同归，中午饭菜送到田头来同吃。家事，有商有量；讲话，有说有笑，恩恩爱爱。我看到你们生活过得这样幸福，羡慕得我已经下决心还俗了，你反而来做和尚？"

这则故事不仅表现农民的妻子聪明贤惠，还有一个换位思考的道理在里面。换位思考，是自我学习的好方法。也就是与人处事，站在对方的立场上来全面考虑问题，这样看问题比较客观公正，可防止主观片面；对人要求就不会苛求，容易产生宽容态度；对自已能将心比心，做到知足常乐。

给人一盏灯，照亮的是两个人，将我心比你心，让宽容多于固执，让热忱多于漠然，幸福的或许是一群人。如果说"雪中送炭"尚需你物质上煞费苦心的话，那将心比心往往仅需一个眼神、一个词语或一个动作足矣，却比雪中送炭更显得温馨和自然。

将心比心，只希望你在捡到钱包时能够体会到失主的焦急与渴望之情，从而完璧归赵；将心比心，只希望你在公共汽车上能为别人的父母、老人让一下座，在马路上遇到别人的孩子摔倒时帮着扶一把……

“老吾老以及人之老，幼吾幼以及人之幼。”将心比心其实很简单，它像苹果落地那样自然。它虽是一种看不到、摸不着的精神上的东西，却真真切切地暖在了每个人的心坎里。

我们说每个人想跟建立一个良好的人际关系，要想形成一个良好的人际交往的模式，知己知彼最重要。我们不仅要了解对方的文化心理，社会成长背景，自己还要充满信心，敢于主动跟人交往。同时要在充满自信的前提下，以开放的心态跟人交往，这是我们成功的人际交往过程中最重要的因素。只有这样才能叩开人际交往的这扇大门。

编者小语

换位思考是人对人的一种心理体验过程。将心比心、设身处地是达成理解不可缺少的心理机制。它客观上要求我们将自己的内心世界，如情感体验、思维方式等与对方联系起来，站在对方的立场上体验和思考问题，从而与对方在情感上得到沟通，为增进理解奠定基础。它既是一种理解，也是一种关爱！

沟通是一门艺术

俗话说:一言能使人笑,一言也能使人跳。这极其形象地说明:沟通既是一门科学,更重要的是一门艺术。沟通的重要性越来越受到人们的重视,沟通的作用在市场经济的今天正日益发挥着强大的作用。为了更好地与人沟通,也为了更好地掌握沟通这门艺术,也为更好地发挥人与人沟通与交流的能力,我们都有必要掌握沟通技巧和技能。

沟通是企业人员在一定的企业文化背景下相互之间进行思想和意识的双向的传递过程。海曼对沟通的定义是“传递思想,使别人理解自己的过程”。这暗含着沟通是一个相互交流的过程。有效的沟通就是为了活动的启动、协调、反馈及中间流程的纠正等目的而互相交换看法和思想。

人是社会中的一员,人总是需要在与社会的互动中实现价值。人际交流是人最基本的生活需要,人没有朋友是因为自己拒绝朋友,不想要朋友,受自私、斤斤计较和患得患失拖累。好的人际关系不是天掉下来的,而是个人努力的结果。当然,这种努力可能不是有意识的,那渗透在友善、关注、温暖、热情、和对社会角色的完善中,乐于助人、关注环境、淡化得失则最能受到人们的喜欢。

在这样的时代,最大的问题就是人的问题:在一个变得越来越小的世界里,我们应该怎样与他人共处,怎样生存。我们这个社会,比历史上任何一个时期,都更强调人与人之间的相互依存,由于社会分工精细,人与人之间的关系更加密切相关。

语言是人类特有的第二信号系统,具有其独特的力量。在人际交往过程之中,要注意交谈语言的字眼。说话是将字、句合起来变成声音以及表达心情或思想,怎样才能更好地表达我们的意思呢?那就是,说话要越简洁越好。

某些人在叙述一件事情时,为了卖弄才华,极力地修饰他们的语句,用重复的形容词,或穿插歇后语、俏皮话,或学西方语言独有的倒装句法,甚至引用经典、名人语录。如果你不专心听他讲话,则往往搞不清他在说什么。有人说话费了很大的精力,仍让人抓不住他所要表达的意思,这样即使用词很瑰丽,但没有一点用处。说话时记住某些话说得越简明扼要越好,在说话之前,先在脑子里想好一个轮廓,然后再说出来。

正确使用语言是一种艺术。说话时的口气、声音、速度、发音等直接影响谈话的效果。一般情况下,谈话以通俗易懂、给对方以愉快的感觉为好,过分卑下或者过分高腔调都有损个人形象。特别要注意的是,问候对方时尽量不要使用与自己的职务、专业有关的高深的词汇,以免对方不理解或错解。这时讲一些高深的道理, 旁人并不会觉得谈话之人是多么的了不起。政治与宗教的话题往往涉及个人的立场,所以这类话尽可能少触及,轻松地谈一谈当天发生的事件还是可以的。一般说来,与对方谈艺术、文学、体育方面的话题,障碍会少一些,但严禁向对方表示自己的博学。此外,过多地使用外语交谈也是没有教养的一种体现。日本人认为,无论一个人在学问上有多大的建树,如果不懂广泛的社会知识,不通世故都不是有教养的人。标准的做法是,首先根据对方的情况(年龄、性别)提出相应的话题,用有教养的语言,轻松地交谈。

语言是双方思想感情交流的渠道,是双方信息沟通的桥梁。语言在人际交往中占据着最基本、最重要的位置。语言作为一种表达方式,能随着场合、时间、对象的不同,表达出各种各样的信息和丰富多彩的思想感情。在人际交往过程中,有大部分时间是靠语言完成的,所以一个人的言语、谈吐是十分重要的。

有关工作、业务方面的谈话要求有顺序,简明扼要,突出重点,与主题无关的话尽量少说。枝节过多,无关的话过多就不是事务性语言,能够把听话的人吸引到主题方面来才是有水平的谈话。语言是沟通彼此意见的工具，是建立良好人际关系的基础，是促进人与人之间感情进一步融洽的润滑剂，一个善于社交和有着良好的人际关系的人，多半是一个善于谈话的人。谈话确实有些技巧，现实生活中确实存在能言善辩和笨嘴拙舌的区别，谈吐无精打采、讲话不得要领、总喜欢说让人扫兴泄气话的人，肯定不会有非常好的人缘，更不会得到好评。

想要有良好的口才，首先要注意发音要正确，对于每个字都要务求清晰明白。因为如果人家连你要表达什么都不清楚、不明白，那你有什么理由继续说下去呢？尤其说到那些关键之处的时候，每一个字都背着一个小手榴弹，随时准备在他的心里炸开。可是如果人家没有听懂，好像每个手榴弹都扔在了一块软橡胶板上，原班人马统统被弹回来，被炸伤的就只可能是自己了。说话的时候，每一句子都要明白易懂，避免用艰涩词汇。别以为说话时用语艰深就是自己有知识、有学问的表现。其实，这样说话不但会使人听得一头雾水，而且一旦弄巧出拙，还有可能引起别人的怀疑，以为你是在故弄玄虚。良好的谈吐，应该是用大方熟练的语句，配以丰富的词汇，使内容扣人心弦、多彩多姿，让听者欲罢不能。

总而言之，语言是人际交往中重要的一项内容，因此，与对方沟通交流的时候，要注意一定要使用对方易懂的语言，否则，这种交流一定不会是顺畅的，所以，在人际交往中一定要特别注意此项。

编者小语

沟通是一门科学，更是一门艺术。只有掌握一定的方法和技巧，才能取得较好的效果。切忌简单化和生硬的态度。

量体裁衣,看菜吃饭

不论哪个年代都能听到这样的话,“现在的年轻人啊……”当然,就是现在处于领导立场的人,在年轻时没想到,自己又站在训话的立场了。而且,动不动就不耐烦,用上司的口吻、权力去指挥属下,这样的事现在并不少见。但是,即使在行动上可以指挥属下,却不能从心里去打动他,这种效力就不会很久。因此应当从考虑效果出发,说服属下去行动。

说话的内容是首要的,针对不同的说服对象,说话的内容也应当不同,这就是有针对性。对于不同的人,有不同的“好处”,在说服别人的时候,一定要反复从多侧面强调我们所能提供的“好处”,唯有如此,说服才有可能达到有效的结果。

在工作方面,要让职员理解什么是真正的服务,引导职员的不同想法尽量与店方的想法一致,那么就必须以说服为主。还有,请求客人同席和换位置,让客人再补加一个菜,请求客人买特产等这些主动的服务也是一种说服行为。如果指导者能很好地说服属下的话,属下也就会接受,并付诸行动,也就会鼓舞属下的士气。如果指导者和属下都有很好的说服对方的能力,那么,工作就会顺利进行,营业额也就会逐步上升。然而,怎样做才能具备较强的说服能力呢?首先,以抓住对方心理为目的的开始工作。

有一天,一个客人想要坐到饭店较里面的一个位置。

服务员:“欢迎光临,今天坐这吗?上次你是坐在靠窗的位置。”

客人:“你记得?”

服务员:“是的,这也是我的工作嘛!”

客人听了很高兴,而且以后只要是路过附近,总会进去坐坐。

要说服对方,应让对方有一种亲近的感觉,使说服工作更加容易进行。交谈是说服对方的预备工作,要养成积极主动地用语言去打动对方的习惯。

常有人把说服力和伶牙利齿画上等号,也有人认为要说服别人,一定要长篇大论,洋洋洒洒,其实说服别人除口才便给,还要以理服人,以智服人,以诚服人,诉求要明确,一言才可中的。

美国总统林肯的口才本来并不是很好,说话结结巴巴,口齿不清,但他闻名于世的国会演说,别人讲稿情文并茂,一说就是数十分钟,而林肯只说了五分钟,但他“民有、民治、民享”的主张简单明了,掷地有声,铿锵有力,赢得如雷掌声。当天在国会演讲的政坛人物不只林肯一人,但一般都认为这篇讲稿诉求明确,赢得共鸣,同时也赢得美国人民的心,是说服力的经典之作。

大家都知道,克莱斯勒汽车公司是美国三大汽车制造公司之一,拥有将近 70 亿美元的资金,在美国制造企业中排名第十。但是,自从进入70 年代以来,该公司却屡屡遭受厄运,自 1970 年起的 9 年内,有 8 年亏损,其中 1978 年亏损 2 亿美元。公司处境危难,形势危急。就在此危难之际,艾柯卡出任克莱斯勒汽车公司总经理。艾柯卡在美国企业界是个鼎鼎大名的人物,同时他也是个口才超群、一语万金的谈判家。

艾柯卡首先决定,必须维持公司最低限度的生产活动,但必须申请政府给予紧急经济援助。于是艾柯卡请求政府提供货款担保,给予紧急经济援助。但这一请求很快被新闻媒介所知晓,消息一传出,立即在美国社会引起了种种非议,社会舆论的中心意思是按照自由竞争原则,政府绝不应该给予经济援助,如果不能适应市场竞争法则的压力,无法维持,则应尽快倒闭。但艾柯卡决不忍心看到作为美国三大汽车制造公司之一的克莱斯勒毁于一旦,他施展了他超凡的社交才能,到处游说。最终,一些决策人物被感动了,同时国会也决定为此举行听证会。最终,他通过努力为公司争取到了 4 千万的贷款。

说服力是说服别人，赞同自己，增加助力，减少阻力，增加资粮，壮大力量，提高成功的可能性。无论团体个人，无论做人处事，要成功，说服力不可缺少，甚至战略上的沟通、人际间的共识也需要说服力。说话时要注意对象，注意场合。俗话说“见什么人就说什么话”，这是对的。意思是说我们说话一定要考虑对方的感受，在给人提建议或意见的时候尤其要注意；注意场合这也是很有必要的，比如在别人办喜事的时候你却说一些不吉利的话，这不是找打吗？并且还要注意适当的技巧，如委婉的语气，得体的语言。说是适当的就是说决不能为了技巧而技巧，哗众取宠，给人一种造作的感觉。

一个人要成功的因素很多，除了自我努力，别人相助也可使成功的可能性相乘加倍，尤其讲究团队的现代，单打独斗比团体出击吃力得多，因此如何说服别人，帮助自己，也是成功的要素之一。

总而言之，“对症下药”，把握说服的针对性，更容易在短时间内说服对方，那么，你在说服别人的时候，不妨照此行事，相信会收到意想不到的效果。

适时而动，恰当提问

在交谈中善于聆听有许多的好处，但要真正作到洗耳恭听，只对人抱有尊敬之心还不够。也就是说，听不光要用身，还要用心，用整个身心，但一些人却做不到这一点。他们听时虽然很认真，却频加批判，或者挑其毛病，或发出争论，或遽下判断，这种方式使人讲话时不得不十分小心，字斟句酌，也担惊受怕，不敢吐露真情，从而影响交谈正常而深入地进行；还有的人，听时心不在焉，或处理他事，或左顾右盼，不时地走动。这种方式最容易伤害别人的自尊心，使说话者不愿意再讲，更不可能再讲心里话。这样也就无法收到较好的效果，影响双方的关系。这两种方式都不利于交谈。

其实最好的倾听方式，是要站在对方的立场去听，去认识，去理解，去反应，去记忆，因为这种听话的方式，既能使听者集中注意力全神贯注地听，又能较好地理解说话者的原意，使对方受到尊敬和鼓舞，愿意讲实话，说真话，从而更能够抓住对方的心理，从而更好地把对方说服。

在谈话过程中，不仅要注意倾听，还要善于提问。恰当的提问可将对方的思路引导到某个要点上，或从对方那里了解到自己不熟悉的情况，有时还可以打破冷场，避免僵局。

提问既然是为了使交谈有效、深入地进行下去，就要注意内容，不要问对方难以应付的问题，如不应询问人们难以启齿的隐私，以及大家都忌讳的问题，也不要询问超乎对方知识水平的学问或技术问题等等。有的人在交谈中就不注意这一点，不管什么事情都要打破沙锅问到底，这样作的结果是既不尊重自己,更不尊重对方,并且谈话只能不欢而散。提问的方式也不能忽视,查户口式的一问一答只能窒息友善的空气。为此,提问的人应对发问进行方式设计。比如接待一位湖南客人,若这样问:“你是湖南人吧?”“湖南比北京热吧”“你刚到北京吧?”等等,对方恐怕只好一次又一次地重复“是”,这不能怪客人不健谈,而是这种笨拙的发问也至多能回答到这种程度,如果换一个问法:“湖南现在建设得怎么样?有什么新闻?”“这次到北京有什么新的感触?”这样的问话,对方不但可以介绍一些你所不了解的事,还会使客人能充分叙述自己的感受而使空气自然融洽,所以设计巧妙的提问,不仅能起到投石问路的作用,还能使交谈沿着自己希望的轨道向深处展开,达到相互沟通的目的。有的人问话一出,却使双方无话可说,形成难堪的场面;而有的人问话一出,便立即打开了对话的话匣子,双方相见恨晚,成了好朋友。可见提问是一种艺术,对接近起着很重要的作用。

如果提出的问题对方不愿回答,或一时回答不上来,不宜生硬地追问或跳跃式地乱问,要善于调整话题。如果对方往往是因为羞怯而不爱说话,那就应当问点无关的事,比如问问他工作或学习的情况,等到紧张的空气缓和了,再把话题纳入正轨。

适时而恰当地提出问题,并且配合对方的语气表述自己的意见;不离开对方所讲的话题,通过巧妙的应答,把对方讲话的内容引向所需的层次和方向。

编者小语

人们在交谈的过程中,要懂得适时的提出问题,这对于你们更深的交谈起着直接的作用,也有助于调节你们谈话的气氛,因此,要想成功社交一定不能忽视这一点。

幽默，沟通的润滑剂

幽默、诙谐的语言不仅悦耳动听，引人发笑，而且可以丰富生活、缩短洽谈者之间的距离，善讲幽默话的人容易讨人喜欢，无怪乎人们称相声演员为“语言大师”，就是因为幽默往往与乐观、愉快、希望等连在一起。

林肯不但善于辞令而且说话也非常幽默。他形容萨尔蒙·蔡斯：“一只大绿头苍蝇，找到臭的地方就下蛋。”他有一句著名的话，用来比喻美国南北方的分裂：“一幢裂开的房子是立不住的。”

林肯的谈话原则：

一、与人见面，尽量不要给别人留下不愉快的印象。

二、与人交谈，语言要简单亲切，不要有任何优越感，要让人感到他和你从小就认识。

三、千万不要忘记，幽默是一种重要的说服人的方法。

四、痛痛快快地笑，对身心健康都有好处。

五、举一些浅显幽默的例子，比什么都更有说服力。

六、用简单的故事说明你的观点，往往能避免别人冗长乏味的议论和自己费力的解释。

七、一个贴切的故事，能够减轻拒绝或批评造成的尖锐刺激，既达到谈话的目的，又不伤感情。

八、私下交谈比任何其他方式更能赢得下属的忠诚。

林肯善于利用故事来暗示或加强自己的观点。他知道故事比单纯的说教更有说服力。他说:“大家夸我会讲故事,我想确实如此。我从长期的经验中了解到,普通民众终日劳碌,举一个容易理解而又幽默风趣的例子,比用别的任何方式更容易影响他们。”有一次他又说:“我相信我讲故事已经讲出了名,但我感兴趣的不是故事本身,而是其目的或效果。我喜欢用简短的故事说明我的观点,避免别人冗长、乏味的议论和我费力的解释。一个贴切的故事,可以减轻拒绝或批评所造成的尖锐刺激,既达到谈话的目的,又不伤感情。我不是一个专门讲故事的人,但我把它作为一种缓冲剂,避免不必要的冲突和烦恼。”

即使在内阁会议这样严肃的场合,林肯在谈话中仍然会穿插着故事。在许多重大的问题上,林肯的故事往往具有结束激烈争论的奇效。他宣读“解放宣言”后,财政部长蔡斯提出异议,接着,内阁成员们七嘴八舌地议论起来。林肯挥挥手打断了他们:“先生们,我想起了一个出门人的故事。在回家的路上,他遇到自己农场里的一个雇工,雇工对他说:‘主人,小猪都死了,还有,老母猪也死了,我不想一次全告诉你。’”

幽默在人际交往中的作用是不可低估的。美国一位心理学家说:“幽默是一种最有趣、最有感染力、最具有普遍意义的传递艺术。”幽默的语言,能使社交气氛融洽、轻松,利于交流。人们常有这样的体会,疲劳的旅途上,焦急的等待中,一个风趣故事,一句幽默话,能使人笑逐颜开,消除疲劳。在公共汽车上,因拥挤而争吵之事屡有发生。任凭售票员“不要挤”的喊声扯破嗓子,仍无济于事。忽然,人群中一个小伙子嚷道:“别挤了,再挤我就变成相片啦。”听到这句话,车厢里立刻爆发出一阵欢乐的笑声,人们马上把烦恼抛到了九霄云外。此时,是幽默缓解了紧张的气氛。

幽默还有自我解嘲的功用。在对话、演讲等场合,有时会遇到一些尴尬的处境,这时如果用几句幽默的语言来自我解嘲,就能在轻松愉快的笑声中缓解紧张尴尬的气氛,从而也使自己走出困境。一位著名的钢琴家,去一个大城市演奏。钢琴家走上舞台才发现全场观众坐了不到五成。见此情景他很失望。但他很快调整了情绪,恢复了自信,走向舞台的脚灯对听众说:“这个城市一定很有钱。我看到你们每个人都买了两三个座位票。”音乐厅里响起一片笑声,为数不多的观众立刻对这位钢琴家产生了好感,聚精会神地开始欣赏他美妙的钢琴演奏。幽默言语改变了他的处境。

在人际交往中,还可以寓教育、批评于幽默之中,具有易为人所接受的感化作用。在饭馆里,一位顾客把米饭里的砂子吐出来。一粒一粒地堆在桌上,服务员看到了很难为情,便抱歉地问:"净是砂子吧?"顾客摆摆头说:"不,也有米饭。""也有米饭"形象地表达了顾客的意见,以及对米饭质量的描述。运用幽默的语言进行善意批评,既达到了批评的目的,又避免了让对方难堪的场面。

幽默是一种优美的健康的品质,也是现代人应该具备的素质。那么,应当怎样培养自己幽默谈吐的能力呢?首先,要有宽阔的胸怀和渊博的知识,对生活充满热情与信心。其次,要有丰富的想象、高尚的情趣、开朗乐观的性格,才能成为幽默风趣、自然洒脱的人。

在日常生活中,不论是偶尔才能派上用场的特殊技巧,还是随时随地都需要运用的能力,有哪一个的作用可以和语言能力相比吗?

但是现在,人们往往愿意穷其一生去学习科学、文学和其他各种知识,却完全忽视了语言能力的训练和提高,这常常使他们显得木讷呆板。在自己的专业领域有很高的造诣,在社交场合却羞于开口,沉默不语,像一个无足轻重的人,还有比这更令人沮丧的吗?看到那些才能不及自己十分之一的人,在公众场合滔滔不绝,自己却静静地坐在一旁,只有洗耳恭听的份儿,心里能平衡吗?你们的区别在于,他平时注意培养自己的语言表达能力,你却毫不在意。

幽默虽然能够促进人际关系的和谐,但如果运用不当,也会适得其反,破坏人际关系的平衡,激化潜在矛盾,造成冲突。在一家饭店,一位顾客生气地对服务员嚷道:"这是怎么回事?这只鸡的腿怎么一条比另一条短一截?"服务员故作幽默地说:"那有什么!你到底是要吃它,还是要和它跳舞?"顾客听了十分生气,一场本来可以化为乌有的争吵便发生了。所以,幽默应高雅得体,态度应谨慎和善,不伤害对方。幽默且不失分寸,才能促使人际关系融洽和谐。

如果你写了一本很有价值的书、发现了一颗新的行星、发明了一套实用的机械装置,说话时却吞吞吐吐、辞不达意,甚至不能让人听清你在说什么,这会让你失去很多本应该由你来把握的机会。一个十分奇怪却很常见的现象是:有些人在特定的行业取得了极高的成就,在会议上却不能勇敢地站起来,把自己的成果介绍给大家。他们驾驭不了局面,根本没有能力主持一个会议,也没有什么清晰的思想,更不可能用充满感情、幽默的话语打动每一位听众。

因此,要想在人际交往中游刃有余,就必需努力提高自己的语言表达能力,让语言成为架通事业成功的桥梁,让语言成为嫁接人生风景的纽带。让和谐的人际关系为你的人生增添一抹亮彩。

在生活中,我们都曾有过大大小小的烦恼,这些烦恼往往使我们的心理失去平衡,或满腹牢骚,或闷闷不乐,或大发雷霆……此时,我们最需要的是一股均衡或者振奋的力量,那就是"幽默感",自嘲救了伏尔泰一命一个懂得"自我解嘲"的人,绝对是个成熟敏锐的人。

动之以情，晓之以理

矛盾普遍存在，社交场合也无例外。解决矛盾，一般都通过说服，只有经过长期的说服无效，矛盾性质又日益激化，才采取非社交的强制手段，但那仍然需要以说服作为辅助手段。说服不限于思想教育工作，治疗疾病、传播知识、经济谈判等都离不开说服。即使志同道合的挚友之间，也不可能永远事事认识、见解完全一致；若要取得一致，就要通过说服。说服工作处处都有，经常会有，它的应用范围极为广泛。

说服别人信服、同意、采纳你的主张或动摇、改变、放弃己见，实质上是一场从精神上征服人心的斗争，但又不能使对方有丝毫被迫接受的感觉。一个人几十年形成的思想观点，一个民族千百年形成的风俗习惯、思维定势，不会只通过三五次苦口婆心的说服就轻易改变。一种崭新的理论、观点、学说、方法，即使通过了一定的实践证明其科学性、正确性、合理性，必须要深入人心，仍需经过长期、反复的宣传和说服。说服需要韧性、耐心，打持久战。如果遇有特殊情况，也需要集中力量打歼灭战，速战速决。有的说服，越说对方越不服，结果不欢而散；而有的说服，三言两语，就说到了对方的心坎上，疙瘩迎刃而解。这说明说服有一定的规律，是一门交谈、对话的艺术。医师、律师、教师、宣传员、推销员、外交官等，天天在做说服工作，一生以不断说服人为己任，更有必要探讨、研究说服的规律，掌握说服的艺术。晓之以理，动之以情，衡之以利，是最常采用的说服方法。

所谓晓之以理，就是讲道理。简单的事情，一两个典型事例、小道理，再加上简明扼要的分析,道理就可以讲清楚。复杂的事情,大道理,涉及多方面的因素,触动一点就牵动全局,必须全方位、多层次、多角度地进行一系列的说服工作,从多方面展开心理攻势,并以严密的逻辑推理,如水到渠成地得出结论。这个结论不宜由自己单方面推断出来交给对方,最好以征询意见的口气引导对方同你一起推理,共同探讨得出结论,让他把你的意见、主张,当作自己寻求的答案,自动就范,自愿接受,这样的说服力更高明。因为对于经过自己头脑思考发现的真理,人们更坚信不疑。晓之以理,要满怀信心,争取主动,先取攻势。当对方已明确、坚决地表示“不干”、“不行”、“不同意”之后,再说服他,就要付出加倍的努力。当然,争取主动仍要运用商榷、委婉的语气,切忌盛气凌人、以势压人。如对方因此而产生逆反心理,再说服他,同样也要付出加倍的努力。

所说的动之以情,还要结合动之以情,通情才能达理。牧师布道宣传的是唯心主义的宗教,但因以情动人,往往能在催人泪下的同时,不露痕迹地对听众施加思想影响,使人们不知不觉地接受其教义,这就是情感的力量。对于形象思维强于逻辑思维的青少年儿童,对于多数平日没有深刻理论思维习惯的人,将心比心,以事比事,运用其自身或熟人的经验教训,再加上感情色彩浓厚的语言, 进行绘声绘色地诉说, 易令人感到亲切可信,引发情感上的共鸣,从而为接受道理扫清了障碍,铺平了道路。

衡之以利就是权衡利弊得失, 讲清利害关系。那些实惠观念很强的人,理难服他,情难动他,唯有“衡之以利”是切实有效的一招。且不论对社会、对国家的利害如何,就是只从个人实实在在的得失考虑,他也应趋利避害、以接受你的说服为上策。那些重情义、明事理的人,并不过分讲究实惠,但你仍应设身处地充分考虑对方的实际困难、切身利害,在此基础上进行说服,才称得上是真正的通情达理,也更令人心悦诚服。人生在世,要求得以生存与发展,必然有各种各样的正常需要,如果丝毫不考虑对方的合理需要,双方交谈就不会有共同的语言,说服也就无从谈起了。如果看准了对方的需求,说服就会很有有成效。

一位阿拉伯哲人说过:一个没有社交能力的人,犹如陆地上的船,是永远不会漂泊到人生大海中去的。说服力在人生中的作用越来越重要,在某种程度上它决定了一个人的命运。那些成功者总是能说会道、口若悬河。说服决定成败,无论我们做什么事都离不开沟通,而一个人的说服力将会决定事情的成败。

说服人的能力并没有什么大窍门,只要多总结,多练习,就一定会取得进步。提起这一点,苹果公司的创始人史蒂夫·乔布斯就是一个比较好的楷模,他在创办苹果公司的时候是一个一穷二白的毛头小伙子。他虽然认识到个人计算机将是一个极具潜力的事业,而且下定决心要做个人计算机出售给需求巨大的用户,但他没有钱,怎么办?

史蒂夫·乔布斯不愧是一个演说天才,他的口才非常好,令人惊奇。他凭借他的如簧之舌说服了一部分顾客先付钱定购计算机,然后利用这些资金购买设备,然后又说服了多位供应商先免费提供生产个人计算机的原材料,等到计算机售出之后再付款。此后,他就开始生产第一台苹果牌个人计算机了。经过他的巧妙经营,很快,苹果公司的规模迅速扩大。一个白手起家的创业者自此走上了成功的道路。

一般来说,在与要说服的对象较量时,彼此都会产生一种防范心理,特别是在危急关头。这时候,要想使说服成功,你就要注意消除对方的防范心理。如何消除防范心理呢?从潜意识上来说,防范心理的产生是一种自卫,也就是当人们把对方当作假想敌时产生的一种自卫心理,那么消除防范心理的最有效方法就是反复给予暗示,表示自己是朋友而不是敌人。这种暗示可以采用多种方法来进行:给予关心,嘘寒问暖,表示愿给帮助等等。

在社会上,人们的能力有高有低,想要快速的了解他们,不妨看看他们的说服力。说服能力的高低,其主要表现在说话的艺术上。语言的力量能征服世界上最复杂的东西——人的心灵,通过成功的语言这一媒介,不熟识的人可以变得熟识起来,长期形成的隔阂可以消除。倘若是语言运用不当,很可能导致社交的失败,甚至损害自身形象。人的社会性决定了社交的重要,假如这个世界上只有一个人存在的话,大概人的语言功能就会退化了。

总而言之,在生活中,对于我们每个人来说,如果没有卓越的说服力是绝对不行的。那么,就只有通过后天不懈的努力,来锻炼自己的口才,使自己变得能说会道，而且更重要的是要对人生充满信心。每个人都可以拥有出众的说服力，口才是可以培养的。只要你不停地训练自己的说服力，在不久的以后，相信你一定可以说出惊人的话语来。

以理晓之，以情动之，用道理使他“晓之”，用充满感情的方式使他“动之”(感动)用讲道理的方式告诉别人，用充满感情的方式打动别人。这就是社交的真谛。

坦诚,社交的金钥匙

只要人活在这个世界上,就离不开与其他人的交往。一个独立的人是无法在社会上生存发展的,就更谈不上成功了。人只有养成与人合作的良好习惯,才能在事业的进取过程中左右逢源,勇往直前。学会与人合作,一方面可以弥补自己的不足,另一方面可以形成一股合力。学会与人合作,必须要懂得坦诚,这样才能众志成城,战胜一切困难,将每件事办好,这就是团结就是力量的道理。

勇于合作需要有一种坦诚的态度,这种态度是主动的,积极的,不仅仅是与我们所喜欢的人,也包括我们不喜欢的人,因为每个人身上都有我们值得学习的东西。与人相处,要坦诚想见,以平和的心态去对待周围的矛盾,无须在一些无所谓的问题上争个你死我活。做一个受人欢迎,一个快乐的人,一个成功的人,放弃自私自利的狭隘思想,培养合作精神,增强团体意识。

与人相处半信半疑不行,虚情假意更不行,要坦诚,真实。要真心待人,人必真心还报之;欺诈待人,人必以欺诈治其身。鲁宗道,字贵夫。真宗在朝时,为太子的教师,不但忠厚老实,而且一生清廉。有一次,真宗有事召见他,于是就派人去找他进宫。当时宗道正和客人在酒店里喝酒,且酒兴正浓,便过了一会才去进宫。刚到宫中,使者就迎了上来同他商量说:“你来得也太迟了,君主会怪罪您的,快想想办法,找个什么借口敷衍一下吧。希望您先告诉我,以免皇上一问,我俩说的不一致。”鲁宗道:“喝酒,是人之常情,欺骗君主,则是以下犯上,犯有欺君之罪,是臣子的大过。”使者进入宫中之后,果然真宗就问起了使者,使者便把宗道的话给真宗复述了一遍。真宗听后又问宗道:“您为什么私自去酒家喝酒呢?”宗道说:“我家里穷,不要说酒,就连喝酒的家伙也没有,但酒店里什么都有,恰巧有个亲戚从远方来,所以同他一起饮了几杯。”真宗笑了,不但没罪,而且还对宗道的忠诚坦诚十分惊叹,认为他是个人才,可做大官,于是就执笔在墙上写道:“鲁爱卿的职位可到参政一级。”

诚信作为一种经济、文化、社会理念,现在已经成为市场经济社会中的核心理念之一。它在很大程度上涉及自然人、市场主体、团体、行业乃至整个国家之间的关系协调,处理不好,会影响到社会的发展与稳定。

在现代社会不同的领域中,尽管讲诚信有不同的内涵表现,但它的精神实质其实是一样的。例如在政治生活中,就是要忠于祖国,忠于人民,忠于社会主义事业;在经济生活中,就是要公平交易,恪守合同,反对假冒欺诈;在日常工作中,就是要实事求是,言行一致,反对欺上瞒下;在人与人的交往中,就是要坦诚相见,以诚相待,言必信,行必果,反对坑蒙拐骗。这些道德准则,正是建立和谐的人际关系、健康发展的市场秩序和繁荣有序的社会秩序的基石。

做人要心怀坦诚,言而有信,在向对方传递信息时要真实、可靠,并以自己的实际行动维护信息的说服力。不仅如此,传递住处时还要诚恳地争取对方所反馈的信息,尤其要实心实意听取不同意见,建立沟通双方的信任和感情。

在人与人之间的交往中,其核心就是“诚”,可以说坦诚是相互联络感情的基础。想消除对方的心理障碍,只有用自己的诚意才能换取对方的真诚,从而产生互动效应。人是有感情的,是需要别人关心、抚慰、体贴的。在别人需要关心和安慰的时候,进行感情投资,可以给人际交往带来意想不到的效果。所以要与他人感情融洽,首先要献出爱心。其次与人交往要宽容,人际交往的指南就是“和为贵”。由于人们的生活环境、文化水平、道德修养、职业性质、家庭氛围、生活经历等等的不同,会造成对同一事物的态度和处理方法的相异或分歧,甚至感情上的冲突,此时应以礼相待,用调和的方法解决矛盾，沟通感情，求同存异，相互谅解，宽容处理。当然，这要在不丧失原则的前提下，排除障碍，协调双方的利益，求得一致。

人们之间的沟通，信息的载体就是言语，要传递给别人的就是信息本身，说的越多，为的就是为了他人了解更多的信息，从而达成互谅互解，形成合力。作为企业来说，涉及的事务复杂，参与的人员多，在发展的过程中规模就大，这就需要企业能够在加强沟通的同时，提高沟通的效率。沟通要想有效，就要求沟通的过程中能尽可能地用最短的时间、最简约的方式，传达最真实、准确的信息。适度的沟通方式和技巧是必要的，但是，过分强调沟通方式和技巧势必会让企业在沟通环节上付出大量的成本，直至形成缺乏坦诚的氛围。

有不少企业，口头上是宣讲“坦诚沟通”的理念，但在实际工作中。从领导开始却还是只喜欢听好话，容不下不同的声音。在各种议题的会议上，领导大谈沟通要坦诚，大家要放开心扉。但与会的人员却一点都“不坦诚”，总在揣摩老板的心扉，不厌其烦地重复和扩大老板希望听到的话，而对于公司存在的问题(尤其是与老板有瓜葛的)却如蜻蜓点水般，一掠而过，不痛不痒地从正反两个方面来说明和提出“我们总的来说做的不错，还有改进的空间”。和杰克·韦尔奇先生在他的作品《赢》中表达的一样，这里所说的“不坦诚”，并不是指那些恶意的欺骗，而是指不能真诚地表达自己的想法，不愿意直截了当地进行交流，更不会无所顾忌地说出自己的看法和意见的行为。

这些错我们不能全怪老板，的确是员工的行为造就了这样一个虚伪的氛围。但是，坦诚的沟通是需要真诚的对象的。一方提出自己真实想法的时候，另一方是否会真正深入地去思考他为什么会这样想，为什么原来想达成那样效果的一个举动或言语会给对方留下这样的感觉。员工们不愿意开诚布公地在企业里发表自己的言论，他们把自己的想法和评论保留起来，更多的时候，在公司里能够坦诚沟通的对象都是要好的同事和朋友，这又是为什么呢？答案就是不受伤害。无论是显性的还是潜在的，每个坦言的人都不希望会收获任何形式的伤害，否则这个坦言的人就会变成沉默的人或虚伪的人。人们总避而不谈，以免激起上级的反感和其他人员的反感，他们甚至粉饰太平，以维护自己或小团体的利益。官僚作风、阶层制度、公司政治和虚伪的礼数就是这样产生的。而在组织中能够直接做出伤害动作的人呢？就是我们的上级、我们的老板。

人们最容易采取一种自私的行动——掩盖和敷衍别人。因为人们并不清楚如果坦诚布公地将真实讲出来。人们知道如果把自己真实的想法和意见说出来，让别人听到不好听的话，是要冒着得罪别人的风险的。一般而言，企业中都是涉及多个部门的，问题都是比较复杂的。我们既难判定到底是谁应当负主要责任，也可能会一下子得罪很多人。这样一个风险，一定会让这个直言不讳的人变成上级或老板牺牲的对象。那么，个人又如何会选择"用短期内毁掉个人来换取企业不在长期后被腐蚀"呢？不要坦诚，每个人都可以保全颜面，大家仍然可以井水不犯河水地一起共事，公司也可以缓慢地发展，取得一些看似不错的进步。这是大家都可以接受的事实，我们不必为了公司的快速发展而主动地思辨、争论、进取。

在我们的工作中，难免要与人交流沟通。因此，我们一定要做到诚信待人。与人打交道，一定要坦诚以待，以诚相见。罗曼·罗兰说："真实的东西，才是最美的，它不会使人失望，叫人对未来充满信心。"所以，在人际效中，诚信不但是建立人与人友谊和信任的桥梁，而且是开启人们心灵的金钥匙。

编者小语

古人云"做文要曲，做人要直。"人们一般都喜欢忠诚、厚道、友好的交往对象。一句令人愉悦的话，宛如一杯芬芳的美酒，令人回味；一句真诚的问候，犹如丝丝细雨，沁人心田。一个具有良好的体态、潇洒的风度、不凡的谈吐的人，在社交场合中，必能左右逢源。

真诚的态度让你成功社交

要有真诚的态度。这几个字在社交活动中占有一个很重要的地位，它是我们沟通交流的首要条件，同时也是为下一步更好的交谈做好基础，所谓的交谈就是双方交流思想，相互交心，互相通报真实情况。如果在交谈中你有敷衍的态度，就会影响你们的交流沟通。

米卢有一句名言：“态度决定一切。”这句话虽然过于强调态度对成功的重要性，忽视了成功的其他条件，但是它说明了态度的重要性：态度是做好一切事情的前提，态度是成功的基础。

一个人的态度，决定着他的成功。成功人士与失败人士之间的差别在于：成功人士始终用最积极的思考、最乐观的精神来支配和控制自己的人生。而失败者刚好相反，他们总是被过去的种种失败与疑虑引导和支配着自己的人生。

他们现在的境况是别人造成的，有些人总是喜欢这样说，认为环境决定了他们的人生位置，他们总在怨天尤人，这些人总说他们的现状将无法改变。其实，他们的现状事实上并非周围环境作造就，他们如何看待人生，全由自己决定。纳粹德国维克托·弗兰克尔是一位某集中营的幸存者，他说过：“在任何特定的环境中，人们还有一种最后的自由，那就是选择自己的态度。”

先买态度，后买产品，有一些顾客就是这样。有一个俄罗斯人，在一个大饭店里，他在参加应聘时只会说“yes、no”，招聘人员看他什么都不会,就安排他去干打扫厕所的工作。打扫厕所这份工作,他干的非常认真,不但用布擦,而且用牙刷去刷墙壁和器具,厕所光亮的像钻石一样发光耀眼,特别干净。店里的生意原来不好,有的客户后来上厕所时发现,这个饭店的厕所特别干净,就互相告知,店里的生意逐渐好起来。老板到店里来视察,也发现厕所干净的令人吃惊。老板就问经理,经理说是一个俄罗斯人干的,老板就接见这位俄罗斯人,这位俄罗斯人说:“我干这一件事,就要把这件事干好。”后来老板就让这个俄罗斯人当饭店经理。原来的经理就不服气了,老板说这个俄罗斯人连这么小的事情都做得比你好,其他事情也一定比你处理的好。一个真诚的态度让这个俄罗斯人赢得了一个好工作。

有一个成功的银行老板说过这样一件事,说自己曾经犯过一个天大的错误。有一天,他在停车场上遇到一个穿着破烂扫垃圾的人,当时,对他的态度很不好。可是,就在第二天,银行来了一个西装革履坐奔驰的人,一来就要求提款100万美金,他一看原来就是那个打扫垃圾的,这个人提了款就到他对面的银行存了进去。第三天,这个人又来提出100万美金存到对面银行,第四天又是如此,接连三天共提取300万美金。后来,他向这个人道歉,这位富翁对他说:人不可以随意歧视一个人,对每一个都要态度好,把每一个顾客当作一个百万富翁。

由此可见,世界上没有成功的生意,只有成功的人,成功的人来自于他们的态度的真诚与否。

在一个建筑公司,有一位建筑工程师在到了该退休的时候,请示自己的老板:他准备回家安度晚年,享受天伦之乐。老板想再挽留这位工程师一段时间,并许诺支付双倍工资,但老工程师思乡心切,拒绝了。老板请求说,那就帮我建好最后一座房子后再走吧。工程师答应了。老工程师开始建他最后的一座房子。但是,大家后来很快就发现,房子的用料虽然与过去没什么两样,工人也一样优秀,但房子却建得很粗糙,因为老工程师的心思已不在这儿了。房子建好时,工程师来向老板辞行,老板递给了一串钥匙,说:“老伙计,这房子是为你自己建的,祝你快乐!”工程师接过钥匙,半天说不出一句话来。接着,他泪流满面,羞愧得无地自容,他如果知道这是给自己建的房子，他不可能会这样。老程师为自己这最后的败笔而痛苦不已。

在现实生活中，我们都是在为自己建房子，是建平房，还是建高楼大厦，是建粗糙难看的，还是建造美丽漂亮的房子，这往往取决于我们对待工作的态度是否真诚，这一点是完全由我们自己掌握的。

我们要时常保持一颗积极、绝不轻易放弃的心，尽量发掘你周遭人或事物最好的一面，从中寻求正面的看法，让自己能有向前走的力量。那怕终究失败了，也能吸取教训，不要让借口为你成功路上的绊脚石，而要把这次的失败视为朝向目标前进的踏脚石。

编者小语

你想与一个人交往，只要你自己的态度端正就可能赢得对方的好感。当然，在与人交往的过程中，要做到言词真诚，能够设身处地地站在对方立场上考虑问题，理解对方的观点。在此基础上，找出彼此的共同点，引导对方接受自己的观点。在整个过程中我们的态度要真诚，只有这样，双方才可以对问题进行更深入的分析，找到更多的共同话题，使交往变得更愉快。

第六章 与各种各样的人交往

与性情正直的人交往

正直的人常常重义而不重剥，待人以诚而不以诈。与正直的人交往，自己应该处处刚正不阿，唯其如此，才能赢得他的信赖和帮助。

性格耿直的人性情多坦率、直爽，在言谈上往往直言不讳。对不合理的事情，总是毫不顾忌地进行批评。即使对于自己的亲属。也毫不客气，人们常常说“大义灭亲”，就是指这种性情正直的人。因此，性情正直的人很有个人原则、不轻易接受失败。这种人个性很强，有自己独立的见解，他们性格直爽坦诚，说话从不拐弯抹角。

同时，性情正直的人头脑清晰，思维敏捷，遇事果断。他们从不会被困难吓倒，往往具有“明知山有虎，偏向虎山行”的精神，相信人能征服一切艰难险阻。当然，正因为这种人性格耿直，对同事有意见就当面提出，并且毫不含蓄，别人都对他们有些惧怕：批评领导也不避讳，常使领导感到难堪，所以他们一般也不受领导喜欢。

我们既然已经知道了性情正直人的本质，根据他们性格的特点与其交往，那就容易多了。

那么，怎样与性情正直的人友好相处呢？

常言道：“金无赤金，人无完人。”要充分理解性格耿直的人。对他们为人正直与工作中表现出来的高度热情要表示深深的敬意；对他们的缺点不要过多计较，更不要疏远、妒忌、憎恨他们。否则，你就变成了一个心胸狭窄的人，终究会被社会所抛弃。

性情正直的人身上存在许多优点，我们应该在和他们的交往中学习他们正派的为人原则。以他们的人格品质为榜样，要保持高亢的工作热情，努力工作，克服情绪低落、松松垮垮的工作习惯，对自己高标准、严要求，这样，性情正直的人也渐渐乐意与认真工作的人交流。这样一来，既有利于你自己事业的进步，也给了你帮助他们进行自我完善的机会，从此，他们再也没有当面批评你的机会了。

性格耿直的人说话不含蓄，也不知道避讳，使人感到难堪而觉得有失自尊。在日常的工作交往中，要帮助他们进行自我完善，帮他们掌握一些说话待人的技巧。例如：要把握对方的心理，讲话要注意区分场合，批评要讲究方式、方法，要给别人一定面子，使他们的性格更加趋于完美。

另外，与性情正直的人交往绝不能用虚伪的言行，因为这种人对虚伪是水火不相容的。同时，与性情正直的人来往，只遵循不欺诈的原则还不够，从积极意义上看，自己必须处处“守正不阿”，只有这样，性情正直的人才觉得你可敬可佩。

编者小语

性情正直的人坚持个人原则，个性很强，有自己独立的见解，他们性格直爽坦诚，说话从不拐弯抹角。因此，要充分理解性格耿直的人，对他们正直为人和工作中表现出来的高度热情要表示深深的敬意。

和脾气暴躁的人交往

脾气暴躁的人性情暴戾和凶狠兼而有之。对待这样的人疏远是上策，若要与之交往，最好的武器是沉着冷静。

脾气暴躁的人，当自己遇到什么不顺心或者不愉快的事时，便冲着与自己毫不相干的人无端发火，以至于无缘无故伤害他人。对待脾气暴躁的人，往往需要敬而远之。

古语曰："士不可不怒。"越王勾践曾经为一只发怒的青蛙而深表感叹，对它深表敬意。如果你不对任何丑恶的事发怒，或许有人会说你缺乏个性。如今，在单位里、在家中，人们比以前更容易发脾气。发怒可不是邀人共舞，恰好相反，发怒意味着愤慨到了极点，再也抑制不住自己的感情，发怒使其他感情都降到次要地位，很容易将事情闹僵。

那么，应对脾气暴躁的人该采取什么策略呢？

首先，要做到沉着冷静，做一次深呼吸，保持镇定的情绪。要知道，你可能并不是别人大发雷霆的真正根源。当然，你有自己的情感，不想让人当"出气筒"，不想成为别人的迁怒对象，但是你一定要有自制力和自信心——这是暴风雨中心的平静点。

与此同时，你还得想想，朋友发无名火必然是遇到不顺心的事心里懊恼，一时冲动而失去理智，我们应当同情，并设法为他们排忧解难。

人们常说，快乐二个人分为两份快乐，苦恼二人分为一半苦恼，为朋友分担一点烦恼，受一点窝囊气，那算不了什么。日常生活中的许多事实证明，脾气暴躁的人朝你发火。如果你还之以火，那会火上浇油，它不但会烧毁友谊的大厦，而且对双方的心灵会造成严重的伤害；如果面对脾气暴躁、发无名火的人，你能够保持冷静，回之以笑，就等于下了一场甘霖，能熄灭对方心中燃起的熊熊怒火。

沉着冷静的另一层意思就是宽宏大量，即引导他人去认识：人生在世，谁不想自己一帆风顺，谁会愿意倒霉呢？然而，芸芸众生，不如意者往往十有八九。遇到不称心、不如意的事，我们不应该怨天尤人、火气冲天，因为那样不但不利于问题的解决，而且会增加新的矛盾，使本来不太顺遂的事情难上加难，从而把自己逼到更加苦恼的深渊。只有心胸豁达，沉着镇静，才能不为暂时的不利所困扰，清醒地审时度势，然后顺利地解决问题。

气头上的人需要有一个同盟军，脾气暴躁的人需要你，你就可以扮演这样的角色。事实上，危急紧要的时刻，可能有助于你的职业生涯更加成功，因为你有能力化解紧张的气氛，恢复平静的生活，从而有利于推动发怒者冷静后，对不冷静态度的反思，使你们之间的关系得以前进和发展。

编者小语

脾气暴躁的人朝你发火，如果你还之以火，那会火上浇油；如果你能够保持冷静，回之以笑，就等于下了一场甘霖，能熄灭对方心中燃起的熊熊怒火。

同猜疑心重的人交往

有些人猜疑心重，他们认为，别人时时都会攻击、伤害自己，在他们的眼中，草木皆兵。和疑神疑鬼的人交往最明智的做法是以诚相待，不必斤斤计较那些毫无价值的是非恩怨。

在与他人交往中，你体会过被别人怀疑的感受吗？那感觉就像有人在背后戳你的脊梁骨，那滋味、那憋闷真让人酸楚难言。

确实，现实生活中，就有这样一种人，他们生性多疑，为人处世小心翼翼；对他人从不放心，总持怀疑的态度。他们脑子里往往会出现这样一种情景：那些同事我靠得住吗？我不知道别人在忙些什么，是不是背着我干了一些见不得人的事？会不会是专门针对我来的？合作一旦出了问题，我是否要承担后果？

同时，有些多疑的人始终认为：别人随时都会攻击、侮辱甚至伤害他。为了保护自己，他惶惶不可终日，心里老嘀咕着，到底有哪些事情别人知道而他不知。他老是担心自己失去了什么就会一败涂地。在他的眼中，别人都有问题，都是可疑之人，都是两面派和告密者。

同猜疑心重的人来往不要急于求成，要以诚相待。你别奢望在较短时间内，获得性格多疑之人的信任，走进他的内心深处。你需要较长的时间去慢慢说服对方，让他们相信你的真诚，而且是不利任何个人目的，只是为了帮助他们解决困难而已，

首先光明磊落地做人，当别人心里冒出严重猜疑的病症，开始影响到

你和朋友的关系时，那就赶快寻求别人的帮助。不一定求专家，也可以找其他朋友。公开的对话有助于你们清醒头脑和驱静阴影。这时，你千万不要轻信多疑的人所说的与你有关的话，不管这类话是当着你的面还是在你背后说出来的。最高的境界是宽宏大量，不必在意别人的多疑。

相反，你可能因为一时的冲动，使误会变成了公开的顶撞，这样，不管谁取胜都会使另一方感到不快或委屈。你得善于调节和控制自己的情绪，别让失去理智的情感冒出来并占了上风，而是用一种可行态度来应付这一切。

同时，要耐心温和地对待猜疑心重的人，避免粗暴说教，给他们一段改进的时间。同时要多给他们讲解人与人之间相处的技巧，解决其待人处世的疑问，鼓励与大家多接触、多沟通，减少对别人的防范，作决定要果断等。如果他们做得好时要发自内心地给予真诚的表扬和称赞。

总之，只要少一些猜忌和隔阂，以诚相待，宽宏大量，设身处地地去帮助他们，会使性格多疑的人有所改变，社会的大家庭中就会多一些信任和团结。千万记住，和多疑的人相处的原则就是不必斤斤计较那些毫无价值的是是非非，要以自己光明磊落的胸怀去与他们相处，因为，这个社会不是只有你们两个人。

同猜疑心重的人来往不要急于求成，要以诚相待。你别奢望在较短时间内获得他们的信任，走进他们的内心深处。你需要较长时间慢慢说服对方，而且是不带任何个人目的，只是为了帮助他们解决困难而已。

与愤世嫉俗的人交往

愤世嫉俗的人往往因为看不到生活的主流。不能正确认识工作中的阻力,他们常在困难和挫折面前不堪一击;愤世嫉俗的人认为生活没有光明,寸步难行。因此,和这种人交往应该心态平和,帮助他们全面、客观地看问题,认清社会的主流,正确对待前进道路上的挫折和失败。

在我们的生活当中,常常有愤世嫉俗的人,他们对社会上一些现象看着不顺眼,认为社会变了,世风日下,人心越来越恶,快活不下去了。愤世嫉俗的人在单位里既看不惯某些制度,又看不惯周围的许多同事。所以,人们普遍认为这样的人是不好相处的。

愤世嫉俗的人往往将自己看得很伟大,而不屑一顾地贬低社会上的人与事,在他们眼里:社会中的一切都不符合逻辑,每一个人都披着"讨厌"的外衣,他们恨不得将一张无形面具戴在自己脸上,不观察外界的事物。

愤世嫉俗的人,大多是因为遭受过一系列挫折,而自己又缺乏科学的人生观。对自己在社会中的地位和作用往往认识不清,不能合理地对待社会中某些与自己意愿不一致的现象,一遇到困难、挫折,就陷入与社会格格不入的漩涡,或者颓废,或者丧失信念,或者悲观厌世,不能从种种困惑中解脱出来。这样的人在对待任何事物时,几乎都看不到其有利的一面,总是从事物不利的一面进行分析,在他们的眼里天空永远都是灰蒙蒙的,四周一片黑暗,光明永远都不会属于他们。

愤世嫉俗者会磨去竞争进取的锋芒,同时,愤世嫉俗者的态度会对社会产生消极的影响。如果放任自流，使其悄悄地蔓延，就会逐渐毁掉人们的热情和信心。

那么我们如何成功应对愤世嫉俗的人并与之和谐交往呢？除了控制自己，绝不能受愤世嫉俗者的感染，让他们解除自己的思想武装，还要掌握相应的技巧，否则会招来他们的不满，影响自己的形象及工作效率。

愤世嫉俗的人，大都没有科学的人生观。所以和这样的人交往时，我们首先应该做到的是尽早地帮助他们树立科学的人生观。摆正个人价值和社会的关系，要使他们认识到：只要是人，就都有价值；个人的价值是通过社会才能表现出来的。所以，一个人要想使自己的价值得到发挥、得到他人的承认，就应当在准确地估计个人价值的前提下，对社会有所创造、有所贡献。如果把自己估价过高，就会把社会公平的待遇看作对人才的压制，就会产生很多困难。

当然，在我们的生活或工作不尽如人意时，我们自己也很容易变得愤世嫉俗。你一定要学会控制自己，如有可能，向同事或朋友发泄一通愤世嫉俗的议论，然后，再告诉他们那位愤世嫉俗者的事，并鼓励亲友谈谈他们的看法，讨论工作上碰到的一些不愉快的事，这样，可以削弱这种情绪给愤世嫉俗者带来的不良影响。

编者小语

要想使自己的价值得到社会的认可，需要在客观准确地估计自我价值的前提下，对社会有所创造，有所成就；如果把自己抬得过高，就会把社会公平的待遇看成对你的压制，就会产生不少困惑。

与沉默寡言的人交往

在芸芸众生中,人的“面孔”形形色色。有人富于激情,有人冷静理智,有人幽默谈谐,有人老练稳重。但交往中最让你头疼的莫过于那些性格倔强而沉默寡言的人。同此类人在一起,常常让人感到沉闷和压抑,特别是在一些气氛宽松的场合,更让一些性格外向、活跃的人感到很尴尬。其实与此类人相处。首先要做到理解与信任他们。

对于沉默寡言、不愿表露喜怒哀乐的“闷葫芦”,别人自然会有一种防备心理:这种人到底心怀什么鬼胎?或许这种人只是害羞、寡言、胆小而已。然而给他们的朋友传达出来错误的信息:“离我远一点”。大家对这类寡言少语的人无可奈何,只得避而远之。然而,沉默寡言的人却从不注意自己的表现,依然是我行我素,通常都意识不到自己给他人和整个交际氛围带来的影响。

与沉默寡言的人交往需要自我调节,要以平常心对待,承认其特点。有些人为了打破这种局面,活跃气氛,故意找话题说。其实,这是没有必要的。你应该明白他的这种特性,去理解、尊重对方,不要去破坏对方的心境,让其保持一种内心选择的存在方式。相反,你如果故意地没话找话,并拼命地想方设法与对方交谈,只能引起对方的反感和厌恶,以至于他们不愿意和你在一起。

编者小语

有时孤僻的人也不是刻意要成为那样的。可能他们是不知道该怎么说,那么你首先要多介绍自己,展示自己,让对方对你产生信任。然后让他慢慢敞开心扉,向你吐露一些烦恼、担心,等到他愿意把开心和不开心都告诉你的时候,你们就是好朋友了,他也不再孤僻了。

和孤芳自赏的人交往

孤芳自赏的人虽然以自我为中心,可是和自吹自擂有本质的区别。和孤芳自赏的人交往时应该适度的赞羡,维护他们高高在上"身价",然后引导他们从自我的圈子中走出来。

孤芳自赏的人,常常恃才傲物,目空一切。这样的人常常与社会群体格格不入,别人很难与他建立感情。

孤芳自赏的人,总是眼高手低,固执己见,他不太容易接受别人的观点和看法。由于他本身知识面的浅薄、社会阅历的局限,就像井底之蛙,只知道"天之大概"。孤芳自赏的人,善于夸大自己的优点,却难以发现别人的优点。

孤芳自赏的人总是追求片刻的荣耀,有着可怜的虚荣心。即使他得到的是失败,他也会认为自己是成功的,他不能理解别人对他的怠慢。

孤芳自赏的人很难以谦卑的心去待人处世,他总是另有一种思维。

孤芳自赏的人最大的人格缺陷是看不清自己,不能客观正确评价自己。

很多人都认为最了解自己的莫过于自己。其实,"当局者迷,旁观者清。"很多人并不能了解自己和把握自己,他们对自己的评价,不是过高,就是过低。与这种不能正确地看待自己和评价自己的人相处,通常不是很容易的。

有些孤芳自赏者自我陶醉于自己所做的一切,以致会引起周边同事和朋友的反感,然而一旦你更深入地看一看,他们的确还是有些宝贵的东西可为你提供人生借鉴。

同时，你需明白，孤芳自赏者毕竟也是一个集体的成员，你要和他友好相处就应当让他懂得他并不是挂着通灵宝玉出生的“幸运儿”。但千万不可和他对着干，你还应该使自己明白：适度赏识和赞美会拉近你们的距离。因为你并不是在与孤芳自赏者作斗争，而是要引导自我欣赏者们去领略这样的经历，即为了维护他们的自尊和身价，不大需要公开或隐蔽地炫耀自我、欣赏自我。

你应该向孤芳自赏的人建议不要专注于欣赏自己的“才能”，把它贡献给集体，让才能得到真正的升华。

编者小语

如果在人际交往中，我们能时刻觉察自己对别人的看法，仅仅是我们内心的想法，而不是真实的情况，那么，我们就会逐渐克服掉“自以为是”的坏习惯，营造出良好和谐的人际关系。

与独断专行的人交往

独断独行的人遇事不搞清楚就妄下结论,并且行动上往往孤注一掷,不计后果,这是独断专行的人的特征。对独断专行的人,一般的方法很难奏效,你只能大智若愚,用事实来粉碎他的梦想,击倒他的为人原则。

现代社会中遇到不少飞扬跋扈的人,他们会逼使你一步一步陷入"山重水复疑无路"的境地,你企图从这种折磨人的人际关系纠葛中找到一条"柳暗花明"的出路。沉闷压抑,令人窒息,这类字眼常常被用来形容独断专行者给别人带来的影响。

独断专行的人往往以"独断"的方式和他人接触,他们的"独断"不是经过深思熟虑才得出的结论,而是依照特定的思维定式,予以论断。在他们的眼里,权力是至高无上的,一切都要服从权威。

其实,现实生活中不可能处处都有喝彩,也不可能处处占尽风光。可是独断专行的人偏偏要依仗自己的权势和倚宠,风光尽享。

如此看来,这是一种狭隘的占有欲心理:支配别人,唯我独尊,它能使人际关系受到损害,扼杀人们的创造能力。

独断专行的人, 为了自己的表现欲, 甚至不惜牺牲自己的人格和尊严。结果是害人害己,使人际关系极难相处。

与这种独断专行的人打交道,用一般的方法很难奏效。针对他们的特点,你可以采用"心知肚明"的态度,即"事实胜于雄辩",也就是让事实说话打破他们信守的原则。

如果想方设法说服他时，最好也运用权威的力量，举出实际具体的例子来击倒他的原则。这样，他就会折服于你。

例如，公司中有的人为了个人的私利，有时候会乘人之危造谣生事，态度恶劣可耻。可是往往有一些独断专行的同事却偏听偏信，他们不经过深思熟虑就武断地作出判断。

日本某玩具公司总裁一日突然卧病不起，一连几天没来上班。正赶上这个时期公司的经营状况相当糟糕，有些心怀叵测的人乘机造谣说：公司由于经营不善已经面临倒闭破产的危险，总裁都不想干了，他要辞职。这个风声一经传出，独断专行的同事便深信不疑，纷纷外出另谋出路，闹得人心浮动，销售与生产因此急剧下降。公司一位副总裁召开了全公司大会，向职工们介绍了总裁的病情以及公司的收支情况，但他们这种人仍是将信将疑。

这时，另一位颇有公关经验的副总裁出面了，他立即把有独断专行同事心目中的“领袖”人物找来，首先听取了他们的想法，然后组织他们去医院了解总裁病情，再请他们审阅公司各种经营生产报表。“耳听为虚，眼见为实”，事实表明，总裁不会辞职，公司仍能平稳运作。很快，谣言便平息下去了，这些独断专行的人也回心转意地安心工作了。

假如，你的社交圈里有这种独断专行的人，不妨用我们这里所说的态度与方法试之，相信，你会在一定程度上改变他，你们之间的交往一定会渐渐和谐起来。

编者小语

与独断专行的同事打交道，可以采用“大智若愚”的方法，让事实说话、让事实来打破他所信守的原则。这样，他就会折服于你。

与喜怒无常的人交往

当你面对喜怒无常、脾气古怪的人,不是因为你自身的原因而很难与他交流,是因为他自身的性格特点与任何人都难以相处。逆向思维,见怪不怪,你需要这种沉稳练迭的态度,需用异样的思维方式采对待他。

在你接触的人当中,有些人忽冷忽热,忽喜忽忧,情绪变化反复无常,往往令人难以捉摸。这种人对朋友"热"起来是热情有加,大有一日不见如隔三秋之感;但"冷"起来,对他人不顾不问,视而不见,给人一种冷酷之感。

比如一个昨天对你还是冷冰冰的,今天却出奇的和蔼可亲,并且走时对你说:别见外,有什么问题尽管找我。可到第二天,当你满怀希望地去问他时,他却爱答不理。

还有一种人,对工作"热"起来埋头苦干,废寝忘食,成绩也非常突出;但"冷"起来,又散漫松懈,毫无斗志。

情绪不稳定的人由于情绪失控, 导致这种双重性格易受外界影响,在待人的态度上经常是大起大落,容易使别人和他保持一定的距离并且对其产生防范心理。总的来说,爱闹情绪的人不会适时地调控自己的喜怒情感。

其实,与喜怒无常的人来往,需事先弄清他闹情绪的原因。看他属于下列情况的哪一种:

(1)私人问题困扰;

(2)自卑;

(3)遇到挫折;

(4)过度疲劳。

然后,就可以区分不同的情况来应对他。

如果他只是因某件事而间歇性闹情绪,你不必大惊小怪。因为他的毛病很快会自然痊愈,只要让他松弛一下,情况便会好转了。

如果他的情绪化问题,是由于个人背景或经历等因素影响造成的,那么你就要帮助他渐渐学会控制情绪。当其情绪波动时,首先在工作中不可与之过多地接触,让他单独进行自己的工作,可以避免与其他人发生冲突。其次,为了使他融和在团队中,必须鼓励他参加平日的业余活动,在与别人的磨合中,改善自己的性格。在工作中逐渐树立起了信心,会逐渐热爱起自己的工作和岗位,他的性格也会日趋稳定,便能担当起挑战性较高的工作了。

由此可见,喜怒无常的人,并非任何时候都让人讨厌:在他心情好的时候,你有什么困难或问题,他也会给予关照。所以,如果自己能度量大一些、胸襟宽广一些,像这样想:这个人虽然喜怒无常,但在他心情好的时候也经常给予自己关照的话,相互之间的关系就会和谐融洽的。如果只看到别人的缺点,人际关系就不可能和谐。

编者小语

与喜怒无常的人交往,最重要的是不能让自己的思绪紊乱,而是自己要保持平静的心情,勃然大怒、火冒三丈是万万不可的。

第七章

战胜自己成就社交

展现真我，世上没有完美的人

世上没有一个没有缺点的人。正如世上没有一片完全纯净的云彩，没有一棵毫无蛀洞的树一样。

不难想象，当我们在展现自己优点的同时，缺点也是掩饰不了的。晚年耳聋的贝多芬如果在创作时为了掩饰自己是个聋子而不使用金属棒，那么美妙绝伦的音乐是得不来的。伟大的拿破仑如果为了掩饰自己近于残疾的身高而在检阅军队时穿着高跟鞋，那么他的威严何在，军队的士气又何在？由此不难看出，一个人如果想成功，想要展现优点，展现真我风采，那么同样自己的缺点也是隐瞒不了的。

毫不顾忌地向世人袒露自己的缺点无疑是一件不容易的事(当然，我所指的缺点是那些先天的，人为努力所不能改变的客观缺点)。我们应该怎么做呢？首先，应该消除自身对客观缺点的不正视和羞耻心。其次，通过自身努力创造优点，或使自己的优点更加显著。然后，建立自信心。最后，就请带上你的自信心，向世人展现你的优点，并坦然你的缺点。相信如果做到了这几条，那么肯定世人的尊重和成功就会离你越来越近。

白天鹅由于一身洁白的羽毛而越显美丽，它并不因幼年时期是丑小鸭而以之为耻，阿炳尽管双目失明却创作出《良宵》、《二泉映月》等名曲，为世人所尊重。同样，你只要勇于面对自身的缺点和不足也会赢得幸运女神的垂青和别人对你的尊重。

当然，让别人认同和接纳自己并不是一件非常容易的事。阿德勒说：“我们每个人都会有缺陷与不足，因为我们都会发现自己所处的地位是我们希望加以改进的。”农村人在城里人面前，小城市的人在大城市人面前，穷人在富人面前,无名者在名人面前,低学历的人在高学历的人面前,不会说英语的人在会说英语的人面前,长得丑的人在长得漂亮的人面前,不太聪明的人在聪明人面前……要能够做到从容,自信,坦然,表现出真自我。时时要有这样的认识:我虽不完美,但我是独特的,我就是我,我不是别人。敢于展现自我。这就是对自己的一份信心。

我相信,拥有一份自信坦然的人,是不会把心理能量放在掩饰、防御、维护脆弱的自尊心上的,他们会更有亲和力和创造力,也更容易接纳和宽容别人。

罗斯福是美国32任总统,在中年时患上了小儿麻痹,这时的他是一名参议员,在政坛上可以说是炙手可热,遭此打击,他几乎心灰意冷,退隐乡园。起初,他一点也不能动,必须坐在轮椅上,但由于自尊心的驱使,他讨厌整天依赖别人把自己抬上抬下,晚上就一个人偷偷练习。

有一天他"发明"了一种上楼梯的方法并告诉家人还表演给大家看。原来,他先用手臂的力量,把身体撑起来,挪到台阶上,然后再把腿拖上去,就这样一级一级艰难缓慢地爬上楼梯。他的母亲看见他这个样子,就阻止他说:"你这样在地上拖来拖去的,给别人看见了多难看。"

罗斯福说:"我必须面对自己的缺陷。"

当我们面对我们自己拥有的缺点和错误时,需要的不只是勇气,还需要一种诚实,一种对自己存在着的错误与缺陷的诚实。没有这种诚实,就谈不上坦然的生活。

一个人,如果他敢于将自己的缺陷与错误说出,并且敢于面对和改正,那他就可以最大限度地如实地让自我充分地表现出来,而不必加以防御。他不必装着处处迎合别人的好恶,不必总是想装扮自己,他变成了一个活生生、自然大方、内心轻松、潇洒自如的人。

编者小语

我们要记住,倘若缺点不能被克服,干脆坦然地面对,不可羞羞答答地掩饰,要让别人看见真实的你,或许这样并不完美,却是率真可爱的。

坦诚自己的缺点

这是一篇采访某国总统的报道。当记者问总统国事和家务事的关系是如何处理好时，总统先生的回答出乎了记者的预料："这个平衡点没有找到。像许多企业家和艺术家一样，我几乎很少做家务事。"看了这篇报道，有些人或许会有所感想。

对于这位总统的坦诚，我们表示钦佩，他表现的是真诚、自然，没做家务就是没做，不寻找托辞，也不加以掩饰，这显现了自信者、成功者对自身不足的一种坦然的态度。由于他们对自己有自信，不担心别人是否看得起自己，因而他们能了解自己的缺点并坦诚地承认自己的缺点与不足，而不是心灵脆弱地回避、否定、遮掩。因此说，对待自身优缺点的诚实态度，首先就是要了解自己的缺点。

能够承认自己的错误、坦诚自己的缺点，事实上这并不会损害你的面子。因为没有人是完美的，每个人只有正视、并努力改正自己的缺点或不足，我们才能朝着完美更近一步。靠近街道的屋里坐了几个人，正穷极无聊地批评他人的道德品行。坐在红色沙发上的这个人眉飞色舞地说："其实，小方的道德品行还算可以，只是我实在受不了他的两项缺点，一个是容易发怒，另一个则是做事老是丢三落四的。"其他几个人听见他的这番批评，也都发出赞同的声音，附和说："没错，他是这个样子！"然而，就在这时，小方正好经过门外，听见众人居然聚在一起批评他，忍不住冲了进去，大声怒吼着："你说什么？"随后，小方抓住沙发上的这个人，用力挥了一拳。

旁边的人见状，纷纷上前阻止："你为什么乱打人？"小方怒气冲冲地说道："你说，我什么时候喜欢发怒了？还有，我又什么时候做事冒失了？你说啊！这家伙居然在我的背后胡乱批评我，说我做事冒失，喜欢发怒，胡说八道的人当然该打！"就在这时，小方的后面忽然传来了一个嘲笑声："喔？你不爱发怒吗？你做事不冒失吗？你看，你现在的举动，不是刚好证实了这一切吗？"一位哲人曾告诫我们说："也许你会忽略自己的缺点，但如果人们指出你的缺点，你还是视若无睹的话，那就表明你的判断力有待加强。"你是看不见自己的疏失，还是不愿承认自己有缺点？一个人只有首先战胜自己的缺点，才能提升自己的人生境界，在这个世界上，不论任何人都一定会有缺点，而且这些缺点往往是不自知的。只有知道自己的缺点在哪里，你才能尽快改正这些缺点，这样，既能战胜自己，对手又没有机会超越你。

出生在乡下农村的小华，考上大学到了城里后，她那一口乡音令她感到很苦恼、很自卑。因为每次说话都常常引得众人的大笑。每当她在众人面前说话时，小华总是万分地紧张，说话吞吞吐吐，脸红心跳，甚至说到半截就说不下去。于是她找到心理医生进行心理咨询。听完其诉说后，医生指出她问题的本质是"自信心不足，脸皮太薄，容易害羞"。谁知小华还不愿承认，马上狡辩："我自信心挺强的，我不是害羞。"在心理医生耐心地讲解后，她终于承认，她是自信心差，容易害羞的女孩。可她却又不愿承认这一点，老想给人留下个落落大方、开朗自信、谈吐不凡的印象，背这个沉重的思想包袱，话反而说得更不利落了。

正处在青春期的大牛，是位自认为相貌不佳，表情有点呆板的男孩。为此他很苦恼，也很怕面对别人而受到冷落和嘲笑。这种自卑的心理使大牛常常做出许多异常的行为：就像上课时，由于怕容颜"曝光"而对不起老师和同学，所以他斜着身子看窗外，或干脆趴在桌子上睡觉，或低着头做小动作，其实他是很想听课的；大牛原本体育成绩很好，但他还是放弃了各种体育活动，因为他不想招人白眼；他还尽量不讲话，以免引起别人对其容颜的注意；如果旁边有人发笑，大牛总觉得那是在笑自己容貌不佳。就这样过今天愁明天，他感到自己太累太累，就这样，大牛被相貌不佳压得喘不过气来。

现实生活中,也存在一些这样的人,他们常常是靠讥笑别人以获得某种心理满足,也就是将自己的快乐建立在别人的痛苦上。而自卑者也常常是由于畏惧这种讥笑而拼命地掩饰自己,装扮自己,这反而使他们的心灵更加脆弱,更加自卑。反之,如果自卑者能够主动地道出自卑,坦诚地正视自己的问题,不怕暴露自己的缺陷与不足,那他便能放下沉重的心理包袱,不认为这是一种羞辱,消除了畏惧,也就能开始正常的生活,并完成由弱至强、由自卑到自信的转换。

总而言之,自卑会因为乐于坦白而渐渐消失,相反,也会由于极力隐瞒而日趋严重。上面我们提到的小华,自从咨询完心理医生回到学校后,在与人交往中,就开始不再刻意地掩饰自己了。每当她再次在公众场合发言时,她总是先说上一句:"我心情很紧张,我的口音也不标准,可能让大家见笑了……"如此一说,小华反而心情轻松了许多,使她能专注于讲话的内容本身,所以话也越讲越流畅。又由于她不再怕人笑话而敢于和别人交流,小华的普通话也越说越好。因此,我们每个人必须尊重和正视真正的自己,勇敢地推翻虚妄的自己,不仅自我要承认有关自己的现实,而且也要不惮于向别人承认。只有这样,我们才会如释重负,才会变得欢乐。因为我们没有了重重心事,也不会担心别人会窥见我们的某种不足与缺陷而天天不安,在如此轻松自如的心态下,我们才能去追求成功,享受幸福。

下面讲的是关于一个聪明的理发师给一位位高权重的宰相修面的故事。

在古代,有一天当朝宰相请一个理发师修面。理发师给宰相修到一半时,也许是过分紧张,以致把宰相眉毛不小心给刮掉了。顿时惊恐万分,他在心中暗暗叫苦,深知宰相如果怪罪下来,必有杀头之罪,但行走江湖多年的理发师,深知人之普遍心理:盛赞之下气消。他情急智生,猛然醒悟!连忙停下剃刀,故意两眼直愣愣地看着宰相的肚皮,仿佛要把五脏六腑看个透。宰相见他这模样,有点丈二的和尚摸不着头脑,于是他充满困惑地问道:"你不修面,却光看我的肚皮,这是为什么呢?"理发师忙解释说:"人们常说,宰相肚里能撑船,我看大人的肚皮并不大,怎能撑船呢?"宰相一听理发师这么说,哈哈大笑:"那是说宰相的气量最大,对一些小事情都能容忍,从不计较。"理发师听到宰相这番话,"扑通"一声跪在地上,声泪俱下地说:“小的该死,方才修面时不小心,将您的眉毛刮掉了！相爷气量大,请千万恕罪。”宰相一听啼笑皆非:眉毛给刮掉了叫我今后怎么见人呢?正要发怒时,但又冷静一想:自己刚讲过宰相气量最大,是不能因为这件小事给他治罪的。于是,宰相便豁达温和地说:“无妨,且去把笔拿来,把眉毛画上就是了。”理发师在对宰相进行一番盛赞之后,然后说出自己的错误,可以说理发师是凭借自己的机智,成功地躲过了一场杀身之祸。

《塔木德》里有这样的一句名言:“赞美是消解别人怨气的良药。”其实,每个人都有弱点，真正聪明的人是在危机面前懂得利用别人的弱点来为自己赢得机会的人。

总而言之,在人际交往中,主动说出自己的缺点和错误,可以使化被动为主动,这种做法是聪明的,因此,你一定要注意这一点。

帮人树名誉，为己赢声誉

如果你想使一个人变好，成为你所期望的人，那就为他树立好名声，这样他才将努力不使您失望。

几乎所有的人包括富人、穷人、乞丐、罪犯，都重视自己的荣誉，并努力证实他拥有的好品质。

星星监狱的监狱长刘易斯说："当您不得不同骗子打交道时，如果您想从他那里得到点什么，那只有一种方法。这就是像对待尊敬的先生那样对待他。这样他就会感到很荣幸，为您给予他的信任而自豪，会努力不辜负您的信任。"

这样，如果您想影响某人，又不引起别人的屈辱和忌恨的话，应记住这一方法：为人树立他能证实的荣誉。

做了好事而惠泽于人，制止邪恶而帮助于人。真正的好名誉就来自这两个方面。所以名誉总是伴随着善行。有些人为了名誉才去做能够获得名誉的事，这种人往往怀有隐秘的个人目的。"钓名之人，无贤士焉。"既使一时侥幸得到好的声名，但终不能长久。自觉地去做善行的人，只不过是认为在尽自己的一份责任，并没有什么值得炫耀的理由，从来不加以宣扬，所以他们的善行要积累得足够多了以后才会被偶然发现。因此有些人的善行是在他们死后，甚至是死了很久以后才得到的，这样的人获得的名誉是人们对他们出自内心的褒扬，他们的人格是崇高的，他们所获得的名誉尽管很迟，却是永恒的。

有些人，一生追逐名誉，有时甚至还因得不到名誉而耿耿于怀，直至对善行产生抵触。而当他们一旦获得名誉，又会到处去张扬。并以此为资本，谋取个人的私利。正如荀子所说："贵名不可以比周争也，不可以夸诞有也，不可以势重胁也。"这种都是小人的作为，为人所不齿。但是最不重视名誉的人，也会因好的声名而欣喜。这种欣喜则是因为人们对他长期所做的善行给予的肯定，"乐道人之善，则天下皆去恶为善"，一般不会把它作为进取的阶梯。

名誉的价值它既不能用金钱去购买，也不能用金钱做尺度。名誉虽然只在人们的口头流传，却要由人们的良知来判断。正如《墨子·修身》篇上所讲的："名不徒生，而誉不自长。"要想一个人的好声名，免归于沉寂，就必须有不断的善行予以支持。(这一点荣誉和它也不一样。荣誉有它的阶段性，即使一个人一生中只拥有过一次，这个荣誉也将终生保留。例如各个层次的劳动模范，或五一劳动奖章获得者）有地位的人固然很注重名誉，但只有当社会上普遍都对名誉十分看重的时候，美德才可能成为普通人的道德而广泛流行。所以名誉比起荣誉来，更加难能可贵。

晋成帝的时候，接连发生几次内乱。晋元帝想抵制王氏势力，王敦起兵攻进建康，杀了一批反对他的大臣。元阳(今安徽和县)镇将苏峻起兵叛变，攻进了建康。东晋的一些大臣束手无策，后来依靠荆州刺史陶侃出兵，花了两年时间，才平定了苏峻的叛乱。

陶侃在王敦得势的时候，本来是王敦的部下。那时候，陶侃立了战功，做了荆州刺史。有人妒忌他，在王敦面前说他坏话。王敦把他调到广州。那时候，广州还是偏僻的地区，调到广州实际上是降了他的职。

来到广州的陶侃，并没有灰心丧气。他每天早晨把一百块砖头(文言是"甓"，音 pì)从书房里搬到房外；到了晚上，又把砖头一叠叠运到屋里。人们看到他每天这样做，处于一种好奇，忍不住问他为什么这样做。

陶侃严肃地说："我虽然身在南方，但心里想的是收复中原。如果闲散惯了，将来国家需要我的时候，还怎么能担当重任呢。所以，我每天借这个练练筋骨。"

果然在王敦失败以后，东晋王朝把陶侃提升为征西大将军兼荆州刺史。荆州的百姓听到陶侃回来,都高兴地互相庆贺。

虽然陶侃升官了,可他还是十分小心谨慎。荆州衙门里大大小小的事情,从来不放松,任何事他都要亲自认真检查。他常常对他的部下说:“大禹是个圣人,要爱惜光阴。像我们这种普通人,论智慧和能力,跟大禹是比不上的,更应该爱惜每一分光阴,怎能贪图安逸。如果活着对国家没有贡献,死了没有留下什么好名誉,那就等于自暴自弃。”

他部下有些喜欢吃酒赌博的官吏,往往因此耽误了公事。陶侃知道后非常生气。他吩咐人把酒器和赌具都收起来,扔到江里去,还把那些官吏鞭打了一顿。打这以后,大家都不敢再赌博喝酒了。

陶侃一次到郊外去视察时,看见一个过路人一面走,一面随手摘了一把没有成熟的稻穗,拿在手里玩弄。

陶侃叫住他问:“你拔了这棵稻子,干什么用?”那个过路人只好实说:“没有什么,顺手拔一点玩玩罢了。

陶侃听了,勃然大怒说:“你自己不耕种,还无缘无故毁坏人家的庄稼,真是岂有此理!”

说罢,就命令他的兵士把那人捆绑起来,狠狠地鞭打了一顿,才把他放了。

人们听到刺史这样保护庄稼,种田就更勤快了。因此荆州这个地方就渐渐富裕起来。

由于荆州这个地方在长江边上。官府造船常常留下许多木屑和竹头。要是在别人手里,不是打扫掉,就是烧了。但是陶侃吩咐人把它收拾起来,收藏在仓库里。人们见了,不懂他为什么要这样做,也没敢问。

后来的一次春节,荆州的官员都到官府来拜见陶侃。恰好前几天下了几场大雪。天气放晴,由于积雪融化大厅前面又湿又滑,不好走路。陶侃就吩咐管事的官吏,把仓库里的木屑拿出来铺地,这样走路的时候就再不怕摔跤了。

又有一次,东晋水军造战船需要竹钉。陶侃又叫人把收藏起来的竹头拿出来给兵士做造船用的竹钉。

陶侃前前后后带兵四十一年,由于他执法严明,办事认真,谁都佩服他。据说，在他管辖的地方，社会秩序安定，真正做到了“路不拾遗”的地步。

真正高尚的名誉，不是刻意追求它的人所拥有的。有人企图靠吹嘘获得名誉，也有人不惜用假象骗取名誉，这些人可能得逞于一时，但其恶名将长久地留存。相反，只有那些诚实地为他人、为社会默默奉献，脚踏实地，而从不宣扬，甚至淡薄名誉、从不向往名誉的人，名誉才常常会自动走近他们，使他们成为万众瞩目的楷模。

总之，当你为人树立好名声的时候，你就赢得了他的心，因此，这也不失为社交中的一条妙计。

以退为进，巧获他人赞同

人们相互关系最重要的一条准则，也是一个聪明而且有经验的人应遵守的就是：“让他人乐意赞同你的观点，让人高兴去做您建议他去做的事。”

要想巧妙地处理人际关系，要掌握“赞同”这一门艺术。这也是最重要的一点。事实上，这也是我们这一时代智慧的结晶之一。也许，在你的生活中再也找不出像“赞同”这样一个简单技巧了。

只要人还活着，就千万不能忘记，只有愚人才会反对别人，而智者和伟人会赞同别人，尤其是当我们犯错误时，更应知道如何赞同别人，还要清楚赞同别人的重要性。

那么，怎样运用“赞同”这一艺术呢？学会让别人赞同和认可自己，在自己的头脑中一定要形成一种态度，一个思维框架，即一种赞同的态度，也只有培养一种赞同的性格，才能成为一个自然而然地被别人赞同和认可的人。

有一个这样的人，他经常拒绝别人邀请他公开讲演，可他做得很巧妙，一点也不得罪被拒绝的人。这个人究竟是怎样做的呢？他不用总是说“我很忙”这种老套的推辞。他首先表示感谢和遗憾：感谢邀请他，遗憾不能如邀赴约。然后推荐能代替他去演讲的人。换句话说，他不会让人有失望的时间，而立刻让他想另一个可邀请的人。

“您去邀请我的朋友克利夫兰·罗杰斯，行吗？”他通常这样建议，或说“你们为什么不去请希科克先生？他在巴黎住过 15 年，一定知道不少有趣的事”等等。

施瓦布从工厂走过，正巧看见几个工人正在吸烟。而且恰好墙上挂着一块牌子，上面写着“禁止吸烟”。也许您认为，施瓦布会指着牌子问工人：“你们识字不识字？”当然，他并没有这么做。他走到这些人跟前，还请他们每个人抽烟，并且说：“你们如果去别的地方吸烟，我会非常感激的。”他们清楚地懂得自己违反了规定，但是他们听到施瓦布所说的话，很愿意接受，并且很高兴，他没有再提及此事。抽烟的人们也为他的大度所感动，再也没有在此抽烟。

鲍伯·胡佛是个有名的试飞驾驶员，时常表演空中特技。有一次他从圣地牙哥表演完后，准备飞回洛杉矶，回程时，在三百尺高的地方两个引擎同时发生故障。幸亏他反应灵敏，控制得当，飞机才得以降落。尽管无人伤亡，飞机却已面目全非。

在紧急降落后，胡佛第一个工作是检查飞机用油。就像自己想象的一样，那架第二次世界大战的螺旋桨飞机，装的是喷射机用油。

回到机场，胡佛要见那位负责保养的机械工。年轻的机械工早为自己犯下的错误痛苦不堪，一见到胡佛，眼泪便沿着脸流下。他不但毁了一架昂贵的飞机，还差点造成三人死亡。

不难想象胡佛当时的愤怒。这位自负、严格的飞行员，显然要为不慎的修护工作大发雷霆，痛责一番。但是，胡佛并没有责备那个机械工人，只是伸出手臂，用了令外一种更有效的方法劝说他。他围住工人的肩膀说道：“为了证明你不会再犯错，我要你明天帮我的 F-51 飞机再做修护工作。”

我们要尽量去了解别人，不要用责骂的方法。我们要尽量设身处地去想：他们为什么要这样做。这比起批评责怪还要有益和有趣得多，而且让人心生同情、忍耐和仁慈更让人接受。

在人际交往中，让他人乐意赞同你的观点，是在你设身处地的为他人着想的基础上，因此，这一点对你在人际交往方面是有很大的益处的。

换种思维方式会更好

在立身处世方面,厚黑学最反对只懂得直来直去的为人处世办法。直来直去不是厚黑大家的作风。面对同样的事情,采取迂回的办法,或从另一个角度着眼以争取最有利的结果,是成功人士经常采用的行事方式。这样的方式往往能获得出人意料的好处。

一是能够获得所需要人才及支持者的人心。得到人才的关键是获得人心,让他真心实意为你做事,同时使他的朋友、家人、盟友、同胞对你产生良好的印象,无形中给你带来了更大的支持和发展机会。在战场上、在商场上都会有同样的效果。

楚庄王率部队攻打郑国,郑国的国君却是袒胸露臂、赤手空拳领着子民们在路上欢迎楚庄王,楚庄王看到这样的场景只好说:"郑国国君,一定会礼贤下士,老百姓们会拥护他,会为他拼死效命。"于是便撤军回去。

二是可以发现新的发展机会。人们习惯于盯着表面的事物,做事也就喜欢从众,结果是千军万马同时涌上了一条道,再宽的路也会变得拥挤不堪。在经济领域,这样的"一窝蜂"现象不知毁了多少人的前程。"淘金热"、"VCD 热"、"网络热"、"房地产热"等,此起彼伏,到最后,成功者寥寥。但也就是在这个"热"那个"潮"的同时,有些眼光高远、思维敏锐的人物,却从这些"热"、"潮"的背后被人忽视甚至看不上眼的地方一发而起,成就非凡。让我们看看两个在同一地方靠"剑走偏锋"发财的奇人吧。

19 世纪中叶,美国加州出现一股"淘金热",这是发财的捷径,许多人都怀着发财梦纷纷拥向位于西部的加利福尼亚。

当时,一个17岁的小农夫亚默尔也想去碰碰运气,然而,他却穷得连船票都买不起,只好跟着大篷车,一路风餐露宿赶往加州。

到了当地,他发现矿山里气候干燥,水源奇缺,而这些寻找金子的人,最痛苦的事情便是没水喝。许多人一边寻找金矿,一边抱怨"要是有人给我一壶凉水,我宁愿给他一块金币","谁要是让我痛痛快快地喝一顿,我出两块金币也行"。

这些牢骚,居然给了亚默尔一个灵感,他想:如果卖水给这些人喝,也许会比找金矿赚钱更容易。

于是,他毅然放弃挖金矿的梦想,转而开凿渠道,引进河水,并且将引来的水过滤,变成清凉解渴的饮用水。

他将这些水全装进桶里或水壶里,卖给寻找金矿的人们。

一开始,有许多人都嘲笑他:"不挖金子赚大钱,却要做这些蝇头小利,那你又何必背井离乡跑到加州来呢?"

对于这些嘲笑,亚默尔毫不为之所动,他专心地贩卖他的饮用水,没想到短短的几天,他便赚了6000美元,这个数目在当时是非常可观的。

许多人因为找不到金矿而在异乡忍饥挨饿时,发现商机而且善加运用的亚默尔却已经成了一个小富翁。

我们知道,世界上的万事万物都是在不断发展变化的。环境在变,时势在变,事态在变,生活在变,人类每一个个体也都在变。要适应环境、时势的更迭,应付事态、生活的变化,就得学会随机应变之术。

荀子曾说:"举措应变而不穷。"能够随着时势、事态的变化而从容应变,是一个人立身处世、建功立业不可或缺的本领。尤其是现代社会飞速发展,生活千变万化,更需要人们学会应变,善于应变,精于应变。

俗话道:识时务者为俊杰。何谓识时务?就是能够认清客观形势或时代潮流,能够跟着客观形势或时代潮流的变化而变化,因时制宜,顺势而动。无论古今中外,只有识时务的人才能成为时代的俊杰。反之,如果不识时务,不顾客观条件的变化和限制,逆势而行,盲目蛮干,其结果只能是以鸡蛋碰石头——自取灭亡,或被时代的车轮远远甩在后头,最终一事无成。

凡事都要想到别人还没有想到的一面,方法也必须讲求创新,因为人是善变的,任何一种产业都必须不断地改良,以适应市场不断改变的需求。有人说:“凡事第一个去做的人是天才,第二个去做的人是庸才,第三个去做的人是蠢材。”但是,我们偏偏看到,有的人即使编号为第一千万个,即使挤破头也改不了“一窝蜂”的本性。其实,想成功就应该出奇制胜,用自己独到的眼光去发现别人未做过的事,这才是成功的快捷方式。

古时候,有两个和尚决定从一座庙走到另一座庙,他们走了一段路之后,遇到了一条河,由于一阵豪雨,河上的桥被冲走了,但河水已退,他们知道可以涉水而过。

这时,一位漂亮的妇人正好走到河边。她说有急事必须过河,但她怕被河水冲走。

第一个和尚立刻背起妇人,涉水过河,把她安全送到对岸。第二个和尚接着也顺利渡河。

两个和尚默不做声地走了好几里路。

第二个和尚突然对第一个和尚说:“我们和尚是绝对不能近女色的,刚才你为何犯戒背那妇人过河呢?”

第一个和尚淡淡地回答:“我在好几里路之前就把她放下来了,可是我看你到现在还背着她呢!”

这个故事告诫我们,要学习第一个和尚勇于任事的行为,而不要像第二个和尚那么轻易就被一个成规束缚住了。

中国有句古话:“伸缩进退变化,圣人之道也。”所以,大凡一个在事业上有所成就的人,必定是一个善于驾驭时势的人。

别出心裁,就是想出不同一般的好主意。别人做的,自己做;别人没有做的,自己抢先做;别人不敢做的,自己敢做,敢于争天下。

《孙子兵法》中云:“凡战者,以正合,以奇胜。故善出奇者,无穷如天地,不竭如江河。”打破常规,以奇制胜是一种思维的解放,更是一种思维的谋略。成大事者要敢于异想天开,打破常规,以奇制胜。

世界是变化的,任何一种产业都在不断改良以适应市场不断改变的需求,成功的人总是用自己独到的眼光去发现别人未做过的事业,因而,他们往往成功得最快，最直接。

在瞬息万变的竞争社会里，与其把时间浪费在开会空谈上，不如把握时机，当机立断，发挥自己的决断力，这样抢先一步，赢得先机。

时代在变，事物和人们的思维也应改变；唯有能够随着时代潮流灵活应变的人，才能成为真正的赢家。

机智灵活，变中取胜

随着情况、形势的变化，掌握时机，灵活应付，这是随机应变字面上的意思。作为一种能力，一种应付各种场合、情况和变化的能力，人们必须具备。具备这种能力的目的是保护自己免遭羞辱或灾难。正因为情况、形势、场合不断变化，所以这种能力随时可能用得着。不过，作为厚黑学的一大法则，我们更偏重于从装糊涂这个角度来阐释。其实，随机应变的关键就是巧装糊涂，装得恰到好处，不露痕迹，才能应付各种突如其来的事变。

随机应变要求有反应灵敏的头脑，要求对外界发生的一切及时地作出适当的反应，事后诸葛亮是无济于事的。当你面对突发事件、意想不到的提问、别人布置的陷阱等出乎意料的情况时，你能够快速灵敏不露声色地作出正确的反应逃避、掩饰或蒙混过去吗？这就需要大智大勇，略施小计了。对于谋求成功的人来说，面前有很多意料不到的灾难，如不能够随机应变，如不能够沉着、冷静、迅速地处理各种突发的变故，怎么能够登上成功之巅呢？

在封建社会里，做官和做人往往是分离的。做官者多会应变之术，虽满口仁义道德，其实只要能保官位，能成好事，也就不管其手段和方式，不问其性质和目的；而做人呢，或奉儒，或信道，总而言之，是要为理想的观念活着，这就难免在现实面前碰壁。所以，在古代，往往出现这种怪异而又正常的现象：官格与人格相背离。因此，好人难做好官。

唐玄宗时，李林甫、张九龄同为朝廷重臣。张九龄以直言敢谏著名，渐得朝廷大臣尊重。李林甫因此怀恨在心,寻机置张九龄于死地。

这时,宠妃惠妃与太子有隙,诬陷太子私结党羽,图谋不轨,求玄宗将太子废掉。惠妃枕边风吹多了,玄宗内心动摇了,于是提到朝廷上讨论。张九龄坚决不同意,并说因一个女人之言就废立太子,实非圣君之所为。玄宗听了,不悦而退。李林甫趁机来到后花园,拜见玄宗,说张九龄亦为太子一党,故有此谏。自此,玄宗对张九龄产生了坏印象。

开元二十四年(公元736年),玄宗听从郡州之举,想加封牛仙客为豳国公。张九龄认为此人不过善使谨慎保身之术,并无大功,不宜封此重爵,便相约了李林甫一同去诤谏。李林甫当面表示同意,但到了玄宗面前,张九龄固陈诤辞之后,玄宗和张九龄都看他的反应时,他却装作沉思之态,默然无语。玄宗仍坚持封牛仙客,张九龄坚持己意,说牛仙客目不识丁,非科举出身,不过省俭而已,不宜重封。玄宗不悦,退身回后宫。李林甫又寻机会潜来,告诉玄宗:“张九龄固谏逼上,有不敬之罪,在用人问题上处处与皇上作对,只不过图谋树立太子党群,为自己留条后路而已。”

一句话说得玄宗大怒起来:“我还没到该死的年纪,张九龄就怀此心,怎可重用?”当即令李林甫代拟诏书,将张九龄贬官外放。

李林甫怕这事情疑到自己头上,在朝廷大臣中站不住脚,忙说:“张九龄固谏之后,皇上即把他贬斥外放,显得皇上没有气量,不如冷冷再说。”玄宗听了有理,便没让李林甫写诏。不过,玄宗对此事却耿耿于怀,终于瞅个机会罢去了张九龄的宰相之职。

张九龄的固执耿直在李林甫的看风使舵面前败下阵来,是因为他不懂得顺着玄宗的意思而改变自己的意思甚至说话的方式。虽然是为国为民,这种不讲策略、不懂得随机应变也是应该适时舍弃的。因为越是大事就越需要这种智慧,否则,耽误的就不是一己之事了。

徐文远是名门之后,他幼年跟随父亲被抓到了长安,那时候生活十分困难,难以自给。他勤奋好学,通读经书,后来官居隋朝的国子博士,越王杨侗还请他担任祭酒一职。隋朝末年,洛阳一带发生了饥荒,徐文远只好外出打柴维持生计,凑巧碰上李密,于是被李密请进了自己的军队。李密曾是徐文远的学生,他请徐文远坐在朝南的上座,自己则率领手下兵士向他参拜行礼,请求他为自己效力。徐文远对李密说:“如果将军你决心效仿伊尹、霍光,在危险之际辅佐皇室,那我虽然年迈,仍然希望能为你尽心尽力。但如果你要学王莽、董卓,在皇室遭遇危难的时刻,趁机篡位夺权,那我这个年迈体衰之人就不能帮你什么了。”李密答谢说:“我敬听您的教诲。”

后来李密战败,徐文远归属了王世充。王世充也曾是徐文远的学生,他见到徐文远十分高兴,赐给他锦衣玉食。徐文远每次见到王世充,总要十分谦恭地对他行礼。有人问他:“听说您对李密十分倨傲,却对王世充恭敬万分,这是为什么呢?”徐文远回答说:“李密是个谦谦君子,所以像郦生对待刘邦那样用狂傲的方式对待他,他也能够接受;王世充却是个阴险小人,即使是老朋友也可能会被他杀死,所以我必须小心谨慎地与他相处。我查看时机而采取相应的对策,难道不应该如此吗?”等到王世充也归顺唐朝后,徐文远又被任命为国子博士,很受唐太宗李世民的重用。

徐文远之所以能在五代隋唐之际的乱世保全自己,屡被重用,就是因为他针对不同的人有不同的应对之法,懂得灵活处世。

人活一世,生存环境不断变迁,各种事情接踵而至,墨守成规、只认死理是无论如何都行不通的。而随机应变、机灵通达才是我们立足于世且能越来越好的做人法宝。

机智灵活,交中取胜。战场、职场、商场莫不如此。古今成大事者,无不善随机应变。只有敏捷多变的人,才能遇险不惊,取得最后的胜利。

随机应变处世的黄金法则

在社会生活中，随机应变的主要功用在于：其一，保持主动地位；其二，变被动为主动。而其最终目的是使自己永远处于主动地位，驾驭事态发展，以实现既定目标。

《鹤林玉露·临事之智》中云："大凡临事无大小，皆贵乎智。智者何？随机应变，足以得患济事者是也。"从一定意义上说，智者就在于随机应变，借以弭患济事。然而，智者不是天生的，因而学习应变之术，掌握应变之道，就显得尤为重要。

随机应变一般是指在形势对己不利时而采取的对策。要做到随机应变，既需要有一定的知识、能力做后盾，又需要有良好的心理素质。一个无知、无才又没有良好心理素质的人，断然不能够做到临危而不惧，处乱而不惊，更不可能随机应变，巧作应付，化险为夷。这就需要我们居安思危，提高应变之能力，以防患于未然。所谓"天有不测风云，人有旦夕祸福"，世界上的任何事情都不是以我们个人的意志为转移的。因此，我们必须时时、处处以应变的心态看待社会、人事，要有"如果事情突然发生变化，我们应当怎么办"的心理准备，并机动灵活地运用应变之术，以使自己永远立于不败之地。随机应变的表现有很多种，其中最基本的是在不同情况下作不同的处理。同样面对强敌，可以采用游击战以拖垮敌人，可以采用包围战以全歼敌人，可以采用声东击西以迷惑敌人，可以采用伪装撤退以反击敌人，可以采用空城计以吓退敌人……同样是空城计，仍然是很灵活的。诸葛亮确实无兵可守，而司马懿过于奸猾，不会相信一生谨慎的诸葛亮会冒此大险。叔詹唱空城计，是因为他知道对方不会冒险。

楚国攻打郑国，郑国是一个小国，兵力远不及楚国，忽然碰到一个强盛的邻国进犯，简直不知所措。郑文公慌忙召集一班文武大臣前来商议，寻求应急之策。很自然，出现了分歧：有人主张纳款讲和，有人主张固守等结盟的齐国前来解围，有人主张展开决战。只有叔詹不开口，他正默默地沉思，被郑文公问到时，就说："依老臣愚见，三位的高论之中，我是赞同第二种意见。我估计，敌人不久就会撤去的。据我所知，楚国历次出兵，从未出动过这么多军队的。这次，公子元的动机，没有一点政治目的，只是想讨好他的嫂嫂罢了；只是要求一个小小的胜利，装装门面罢了。"

说话间，情报部门说敌人先行部队已越过市郊，快要打进城来了。叔詹说："老夫自有妙计！"

于是，叔詹负起了防城责任。他下令军队统统埋伏在城内，大开城门，商店照常营业，百姓往来如常，不许惊慌失措。楚兵先行部队已经来到，先行官一见这般模样，先是疑惑，继而料定对方必有准备，故意设下这条诡计，骗人进城以便包围歼灭，还是请示主帅吧！便下令本军就地扎营。

不久，公子元率大军来到，先行军诉说了城里的情况。公子元很吃惊，立即走到一个高地上察看一番，只见城里到处埋伏着军队，刀剑林立旗帜整齐，心里纳闷，猜不透这葫芦里卖的什么药。

跟着后卫统帅也遣人送来情报，说齐国已联合了宋鲁两国，起重兵来解郑国的围了。

公子元大惊，急忙对各将领说，如果齐军堵截我军的退路，那么就前后受敌，结局是可想而知的。

然而诸位将领并不明白这次征伐的本意，主张速战速决，先拿下郑京再说。公子元自然不会接纳这种意见，他所想到的不是军事价值，更不想冒失利或失败的危险，因为万一失利，怎么讨得嫂嫂的欢心呢？这几天之内就直捣京城，也算是争了面子了，对美人也有交代了，还是三十六计，走为上策。于是暗传号令，人衔枚，马摘铃，连夜拔寨回国，又怕郑军会趁机追击，于是把所有的营幕保持不动，遍插旗帜，以疑惑郑兵。

公子元悄悄溜出郑国境内之后，才让军队鸣锣击鼓，奏起凯歌。这边叔詹到天明遥看楚营，毫无动静，飞鸟盘旋，于是知道楚兵已经撤走了。叔詹准确地预见一切，除了没有想到楚兵也用空营计来迷惑郑国。

不久，齐国等联军果然出现了，见楚军已尽数撤退，便也收兵回国。

大家非常佩服叔詹的机智和勇敢。叔詹随机应变，由于准确地揣摸到对方只想得到一个不失面子的名声而并不以军事胜利为目的，所以不必与他硬拼，只要吓唬他一下，他在危险面前会自动撤离的。所以说，叔詹的应变能力是很强的。

做人处处离不开“应变”二字。世事变化，往往出人意料，怎么办？不妨学一学厚黑大师的秘诀：以变为本，以应为用，防不住，躲不掉，变一变，变化越多，越是游刃有余。因此，变才是处世的黄金法则。

编者小语

变化必须讲谋略，没有谋略的变化，是愚变。就像没有点睛的龙，不过是一条死龙而已。善谋之士，一定就是善变之士，驾驭各种变化规律，为己所用，就如同御龙而行，无往不胜。

有变化就会有机会

有这样一些人,他们步入困境时,不是钻牛角尖,而是开动脑筋转换思路,因而往往成为最终的成功者。

生活中我们常常一方面抱怨人生的路越走越窄,看不到成功的希望;另一方面又因循守旧、不思改变,习惯在老路上继续走下去。

美国康奈尔大学威克教授做过这样一个实验:拿一只敞口玻璃瓶,瓶底朝光亮一方,放进一只蜜蜂,蜜蜂在瓶中反复朝有光亮的方向飞,它左冲右突,努力了好多次,都没有飞出瓶子,可它就是不肯改变突围的方向,仍旧按原来的方向去冲撞着瓶壁。最后,它耗尽了气力,气息奄奄了。

然后,教授又放进了一只苍蝇,苍蝇也朝有光亮的方向飞,突围失败后,又朝各种不同方向尝试,最后终于从瓶口飞走了。

这个实验充分说明了:成功在于肯努力尝试。世界上没有不犯错误、不经历失败的人,重要的是一条路走不通的时候,要赶紧转过身去寻找另一条出路。有时候在困境面前,改变一下思路,一切就峰回路转、柳暗花明了。

西方有一位聪明的书商为了推销书籍,想出了一个绝妙的招数,他先是给总统送去了一本书,然后就不停地打电话向总统征求意见,忙于公务的总统想早点摆脱他的纠缠,便敷衍说:“这本书不错!”这位书商顿时心花怒放,大做广告:“现有总统喜欢的书出售。”于是,这些书被一抢而空。

不久,这个书商又出了一批书,他又送了一本给总统,总统为了避免再次上当,就毫不客气地说:“这本书糟透了!”不曾想,这次书商更是如获至宝,又到处做广告:“现有总统厌恶的书出售! ”人们出于好奇争相购买,这些书很快又被卖光了。

后来,书商又将一本新出版的书送给总统,总统因受前两次的教训,干脆缄口不语,一个字也不肯说,但这也早在书商的意料之中,他不但不急,反而高兴得手舞足蹈,因为这次他做的广告是:“现有总统难以下结论的书出售! ”这些书当然又被一抢而空。

很多人过着墨守成规的日子,几十年都不变。这种人一辈子都不会成功。而真正聪明的厚黑处世者,往往善于变化思维,从而给自己的生活和事业带来转机。

王先生开了一家计算机公司,除了卖各种计算机软硬件、配件外,也帮人家组装计算机。一开始他的生意并不好,而且还因为不慎轻信朋友,有两万多元货款无法追回,经过交涉,也只是抵了一批鼠标垫,共有两万多个。

一个破鼠标垫,随便到什么展览会上就可以拿几个,能有多少人买?两万多个鼠标垫,怎么才能卖得出去呢?王先生就像手持鸡肋,食之无用,弃之可惜。生意越来越不好做,王先生只好闲坐着,看看报纸,或者玩玩游戏。

有一天,王先生的一个朋友来玩,闲聊之余便坐在王先生的计算机前练习打字。这个朋友刚学会五笔输入法,一些字根还记不熟,翻书又麻烦,不由得说了句:“要是字根就在鼠标垫旁边就好找了。”说者无心,听者有意,王先生突发奇想:要是在这批鼠标垫上印上五笔字型的字根表,也许会方便那些记不准字根的人,但如果卖不出去的话,他又要多贴印刷的成本。

想了想,他还是决定试一试。印上了字根表后,他到网吧、打字店、计算机培训班等处推销,果然卖了很多。一天,一个中年男子来到王先生的公司,看到了这种鼠标垫,询问了价格,说如果一个 2 元的话,他会买两万个鼠标垫。原来他也是一家计算机公司的老板,最近他的公司接了一个大单子,给一家全国联网的寻呼台作系统集成方案,这个单子很大,个人计算机就要配两万台。寻呼台方面要求,所用的个人计算机除了配齐常规的设置外, 还特别强调每台个人计算机需要一个鼠标垫和一张五笔字型字根表。为此,这个中年老板走了好几个地方,就是没有合适的产品和合适的价位。今天看到王先生这里的鼠标垫上印着五笔字型字根表，真是喜不自胜。这下他可以两件事情当做一件事办，两样东西用一样东西的价钱买回去，省钱又省事，真是打着灯笼也难找。王先生正好还剩差不多两万个鼠标垫，这笔生意就成交了。

因为一个小小的添加，死货就变成了活钱。如果王先生一直不改变自己的思路，那么，就不会有机会推销自己的鼠标垫。

美国的艾吉隆公司董事长布希耐一次散步到了郊外，偶然间，他看到几个小女孩正在玩一只非常肮脏和异常丑陋的昆虫，玩得爱不释手。看着她们开心的样子，布希耐顿时灵机一动，他想，市面上销售的玩具都是优美漂亮的，如果生产一些丑陋的玩具，市场反应会如何呢？想到做到，他马上叫公司的人研制出一批“丑陋玩具”，迅速投向了市场。

这一仗布希耐大获全胜，他的“丑陋玩具”给公司带来了巨大的经济效益，让同行们眼红不已。丑陋玩具也就此风靡于世。就像“疯球”，这种玩具是在一串小球上印满了许多丑陋可怕的面孔，还有一双鼓得像青蛙的带着血色的眼球，眨起眼来就发出很难听的声音。这样的一些丑八怪玩具的售价甚至比漂亮的玩具还要高，却一直很畅销。

这个故事说明：当一件东西已没有什么卖点的时候，用反向思维来做，促使事物发生那么一点点变化，就会是一个新的突破。

罗丹说：“生活中不是缺少美，而是缺少发现。”而我们也可以说，在生活中，不是缺少机会，而是缺少变化。我们就要做一个生活中的有心人，有时别人一个不经意的发现，却是你创造的契机。

有变化就会有机会。是的，有时我们的确无法改变生活中的一些东西，但是我们可以改变自己的思路，有时只要我们放弃了盲目的执著，选择了理智的改变，就可以化腐朽为神奇了。

走别人不愿走、不敢走的路

在生意场上，如果把独出心裁的创意变成市场，便会大获成功。然而如果创意犯了世人的忌讳心理，那可得小心，一旦失败，面临的压力和冷嘲热讽是很可怕的。如果没有厚学功夫做底子，一般人很难有东山再起的能力了。不过，遇到顽固的厚学传人，情况就不同了，他会一直坚持到底，非搞出名堂不可。老天爷一般也会被感动，并垂青这样的勇士。

泰国的养鳄大王杨海泉就是这么一个幸运的人。他出生于一个贫苦的华侨家庭。由于家境困难，只断断续续上过一年小学，从 10 岁起就做童工，先后做过照相馆佣工、客栈店小二、金铺伙计，还做过小生意。

15 岁那年，杨海泉在别人的帮助下，开了一家小小的杂货店，主要收购当地的土特产转卖给商人，但是没有多久，杂货店就关门了，这是他生意场上的第一次失利。有雄心想成大业的他总结出一条经营之道，即在激烈的竞争中必须独辟蹊径，大胆开创冷门生意，这样才能独占鳌头，立于不败之地。

别人嫌弃的，不愿意干的，才有可能取得成功；别人没有走过的路，走起来才会更加宽广。

人工饲养鳄鱼是一件前无古人的事情，没有规律可循，没有老师可拜。事实证明，敢为人先的人就必须有胆量接受各种磨炼。

喂养鳄鱼比喂养一个初生婴儿还要困难。

刚开始的时候，由于缺乏饲养经验，有些小鳄鱼因此丧命。成年鳄鱼给人的感觉是十分凶悍的,小鳄鱼的生命却很脆弱,对气候反应很敏感,对小小的惊恐也会发生痉挛而生病,严重的还会残废或丧命。可是这一切并没有吓住杨海泉,他经过日夜认真观察,这个问题终于得以解决,成功地闯过第一关。

一波未平,一波又起,更大的问题在等着杨海泉。主要有两个方面:一是小鳄鱼喜欢吃鱼类或水中的小动物,有时还要吃肉,杨海泉很难拿出这么多钱去买饲料;二是随着鳄鱼的不断长大,原来的鳄鱼池已经不能容纳了,杨海泉缺乏必要的资金扩建。

沉重的经济负担使杨海泉喘不过气来。

眼看就要坚持不下去了, 杨海泉只好含泪操刀宰杀部分基本达到出售规格的鳄鱼卖掉去换取资金。就这样一面饲养一面宰杀,经过3年的时间才基本解决了经济危机问题,慢慢地经济有了一定盈余。

为了提高鳄鱼的价值,杨海泉购买了自己的屠宰设备,钻研独有的宰杀技术。当时, 泰国的鳄鱼产品都是由捕杀鳄鱼的人在捕捉的时候宰杀的,设备很简单,加工很粗糙,鱼皮的质量不高。杨海泉之所以这样做,就是因为希望生产出世界一流的产品。

杨海泉的这种举动是十拿九稳的,所以,很快他就生产出了高质量的鳄鱼皮产品。"海泉鳄鱼皮"很快就得到了消费者的青睐,售价比一般的鳄鱼皮产品高出了许多。

凭借着"海泉鳄鱼皮"的名牌优势,杨海泉很快就占领了先机,并很快成立了一家"友商贸易行",包揽了鳄鱼皮的生产出口业务,生意做到国外。杨海泉善于经营,讲求信用,名声越来越大,越来越好,生意当然就更加红火了,实力也更加雄厚了。

在成功者的字典中是找不到"满足"这两个字的,杨海泉也不例外。他认为,养鳄鱼这件事是没有尽头的,他完全可以把这项事业继续下去。

他想,如果只是为了改善自己的经济条件,现在已经完全够了,但是如果只是像现在这样,那就太可悲了。他立下了雄心壮志,不仅要用这种动物来赚钱,还要挽救这种野生动物,不要使之灭绝。考虑过去,思索将来,只有进行人工繁殖,才能达到自己的目的。

在那个年代，世界各地都有不少称得上猎鳄专家的人，但是称得上养鳄专家的人，除了杨海泉，恐怕没有第二人了。他的成功经验引起了世界各地的注意，参观学习的人络绎不绝。有很多人千里迢迢而来，高高兴兴而去，杨海泉的名声大震。

就是他这样一个穷人的孩子，几乎没有上过什么正规的学堂，现在居然走进了世界最权威的鳄鱼专家的行列，创造了一个神奇的“鳄鱼王国”，成为了泰国的巨富。

“创新者生，墨守者死。”社会是发展变化的，只有变化才能生存，也只有跟上时代的变化才能求得发展，要有变化就需创新。

成功最重要的秘诀之一就是开拓创新。创新就是不与别人往同一条路上挤，而是另谋逆路而行之，也许会达到殊途同归的目的，这样做事自己觉得也轻松，别人看了也精彩。

自信，创造奇迹的根基

成功学的创始人拿破仑·希尔说过这样一句话："自信，是人类运用和驾驭宇宙无穷大智的唯一管道，是所有'奇迹'的根基，是所有科学法则无法分析的玄妙神迹的发源地。"保罗·盖蒂被称为石油巨子，他就是凭着极强的自信，一次次把自己推到事业巅峰的。

上述这些话告诉我们：一切行动的源动力就是自信，没有了自信就没有了行动。

下面来看这样一个例子，宋代的李卫是位大将军，在一次战役中因寡不敌众，被困在一个小山顶，注定要全军覆灭。就在士气大减要缴枪投降之际，李卫对大家说："士兵们，看样子我们的实力是不如人家了，可我一直都相信天意，老天让我们赢，我们就一定能赢。我这里有九枚铜钱，想苍天乞求保佑我们冲出重围。我把九枚铜钱撒在地上，如果都是正面，一定是老天保佑我们，如果不都是正面的话，那肯定是老天告诉我们不会冲出去的，我们就投降。"此时，士兵们跪在地上，闭上了眼睛，祈求苍天保佑。这时，李卫摇晃着铜钱，一把撒向天空，落在了地上。士兵们开始时不敢看，谁会相信九枚铜钱都是正面呢！可突然一声尖叫"快看，都是正面！"大家都睁开了眼睛往地上一看，果真全是正面。士兵们跳了起来，把李卫高高举起喊道："我们一定会赢，老天保佑我们了！"李卫拾起铜钱说："那好，既然有苍天的保佑，我们还等什么？我们一定会冲出去的。士兵们，鼓起勇气，我们冲啊！"就这样，一小股人马竟然奇迹般地突出了重围，保住了军队。后来，将士们都说："那天如果没有上天保佑我们，我们就都回不来了！"这时，李卫从口袋里掏出那九枚铜钱，大家才发现铜钱的两面都是正面。这奇迹就是自信心所创造出来的。

要想在社交活动中取得成功，一个首要前提就是，你必须要树立自信心,在你交流对象面前建立信任度。

在这个世界上,有一小部分人,他们拥有良好的家庭背景、有机会接受高质量的教育,又比较聪明能干,他们的自信可能是与生俱来的。但是对大多数人来说,在成长的过程中或多或少都会产生一定程度的自卑感,只是有人在这方面,有人在那方面;有人表露无遗,有人深埋在心底。这是每一个努力要求上进的年轻人都必须面对的问题, 那就是如何克服自卑心理,建立起自信心。

通过社会中的实践, 可能每个人都能体会到自信心不是看过几本励志书籍,每天对自己说"我是最棒的"就会产生的。自信心是,在不断的完成一件件小事,不断地经历成功体验的基础上,逐步建立起来的,是需要不断积累的。如果一开始就雄心勃勃地选择难度比较大,完成周期比较长的事来做,不是从一件件成功的小事做起,那可能会不断地体验失败的挫折感,最后无法完成而失去信心。

有这么一句话:自信源自实力。只有不断提升自己的实力才能建立起自信来,通过工作经验的积累,工作能力有了提高,自信心自然就慢慢提升了。在这方面建立起自信后,把这种成功的体验,运用到对自己没有信心的方面,把自己在这方面无能的信念加以修正,使自己在这方面敢于尝试,从一件件小事入手,不断积累成功的体验,从而进入良性循环的轨道。要逐步建立起各方面的自信心,就一定要通过不断的努力实践。

一个人学习进步、事业成功的必要条件就是要有自信心。美国诗人爱默生曾这样说过:"自信是成功的第一条秘诀, 无论谁都比自己想象的要出色。"自信的前提就是认识和发现自己。事实上,人类认识到的自我能力,还未达到自身全部能力的1/10,大多数的人对自身9/10的能力浑然不知,还没有挖掘利用,这是何等惊人的浪费啊。

在生活中常有一些人,因为某次挫折,便失去了自信,产生强烈的自卑心理,觉得自己能力不够。对于这些人来说,当务之急是尽快重新恢复自信,重振旗鼓,扬起前进的风帆,以便朝着既定的目标继续前进。

有一个女孩子,做梦都想当歌手,可是她非常厌恶自己的容貌。她每次照镜子,都对镜中那宽大的嘴巴和龅牙感到伤心,有一次她在学校的联欢会上,展现自己的容貌和歌喉之前,感到十分紧张,惟恐同学们发现她不雅观的牙齿。她在台上将上嘴唇紧紧地抿着,极大地摇晃着身体,希望借此吸引观众。结果弄巧成拙,掌声稀稀拉拉,她失败了。

有一位音乐家,是联欢会上的来宾,他听了她的歌声,认为她很具有歌唱才能,于是来到后台对她说:“刚才台上你做的一切动作我都看得清清楚楚。你尽量抿着上唇不使龅牙露出来。你真的以为自己的牙齿不好看吗?”这位女学生听了他的话,眼睛忽地一亮,似有所悟。音乐家不客气地继续说:“人的美丑并没有统一的衡量标准,龅牙是不是一定丑呢?更何况这又不是你的罪过,何必要隐瞒呢?你为了掩饰自己的牙齿,故意矫揉造作,肯定是不会成功的。你还是尽管张大嘴巴,放声唱吧!大家看到你毫不怯场,应付自如的表演,一定会喜欢上你的。”这位音乐家的劝告,这个女生接受了,从此以后,每逢在众人面前表演时,都尽情地张开嘴巴,开怀地放声歌唱。她不久成了影视界的大歌星,成为许多人效仿的对象。这就是自信的力量。

人在遇到挫折时,如果认为自己被打倒了,那么你就是真正地被打倒了。如果你认为自己仍屹立不倒,那你就真正地屹立不倒。你如果想考名牌大学,但又认为自己没有实力,那你不一定会考取。如果你想方设法要考名牌大学,那你就有可能考取。你如果总是认为自己不是上名牌大学的料,并且不再努力,那么你肯定不会考取得。

胜利永远属于有自信的人,最后的胜利只有有自信的人才能取得。要想成为一个社交的高手,就一定要消除自卑心理,相信你只要努力进取,对自己有信心,就一定能成功。

自信心应从以下几方面来培养:

从容面对人生

从容,是人的一种仪表、举止、言谈和处世的外在表现,也就是镇静,沉着,不慌不忙。如果一个人有了从容的修养,生活就潇洒、轻松,不会因为一时烦恼而懊丧;不会因为流言蜚语而止步不前。

一贯从容的人,从来不会为自己的平凡而叹息;不为成绩不突出而烦恼;不为不能出人头地而绞尽脑汁。他看准要奋斗的目标始终锲而不舍,不会为一时的失败而消极。从容面对人生,要正确地接受自我,这是很重要的一点。一个人认识自我肯定不容易,那接受自我就更难了。

从容的人不管在什么样的环境中,总是能够自信地过好一生。

自我心理训练语:人生多磨难,道路不平坦,我要立志克服困难,一定能走向成功的明天!

以积极的心态面对现实

使人产生积极的思维,就要有积极的心态,而积极的思维可以增强自身的力量。在人心中有"积极的力量",可以使梦想成真。

曾有人做过这样一个小实验,在桌面上放一只水杯,水杯中装有半杯水,请两个人面对水杯发表见解。甲说杯子有一半是空的,乙则说杯子里还有一半水。从两人的回答中可以得出这样的结论:甲的心态是消极的,而乙的心态则是积极的。

我们因此应以积极态度面对一些不尽如人意的事情, 看到其积极的一面。

自我心理训练语:人人面前有困难,我不畏惧,勇敢闯关,胜利就在眼前!

要看到自己的长处,相信自己是强者

自己的长处,这是每个人都应看到的。抽出一点时间坐下来,想想自己的优点,然后以赞赏的心态进行审视。通过集中注意力于自己的优点,在内心树立起一种信心:我是一个有价值、有能力、与众不同的人。相信自己能给生活增添一些美好的东西。每当考试成绩进步或做对了一件事,就要提醒自己记住这一点,说一句:"我真了不起,有志气",及时鼓励自己。渐渐地,你就能培养起着眼于自己长处的习惯。

自我心理训练语:我是强者,我有许多优点,我的能力与众不同,只是别人未发现！

常为自己庆贺、鼓掌

每当自己取得了工作学习或其他方面点滴进步时，不妨庆贺一番，为自己鼓掌。这样做，肯定能建立起更多的自信。

鼓励和赞扬，这是人生来就需要得到的。许多人做出了成绩，往往期待着别人的赞许。光靠别人的赞许其实是不够的，何况别人的赞许会受到某些因素的制约，难以符合自己的真正期盼。不妨花些时间，培养自信心，

为什么有些歌手，他们名噪一时，而最后以悲剧结束一生呢？虽然原因是多方面的，但不会奖励和赞美自己，不能不说是一个重要的原因。他们从不为自己鼓掌，需要观众永远的掌声来肯定自己。因此他们一旦走下舞台，便觉得观众把自己抛弃了，倍感凄凉。

所以，当你哪怕是取得了一点点的成绩，也应赞扬自己一番，并为自己鼓掌。

自我心理训练语：啊！我的事情已做完，我真行，我真不简单，我为自己鼓掌，我为自己嘉奖，我为自己庆贺，只要我继续努力，定能闯过道道难关！

相信你经过这几方面的训练，一定能重新找回失去的自信。有了自信，你做起任何事情都会得心应手。

在别人的唾沫中要学会游泳，勇于发现自己的优点，每一个人都不可能会是十全十美的，都会有自己的优点和缺点，不要只看到短处就灰心丧气，要学会发现自己的优势，增强自信心，培养自信心。人生于世，会遇到别人的议论是难免的。要善于调节自己的心情，不要过于在意别人的看法，按照自己定的方针去努力就可以了，人生最重要的就是要有勇气和信心向前行。

第八章 社交礼仪很重要

得体的自我介绍体现修养

在日常交往中,自我介绍是人们充分展示交际魅力的开场白。如何在自然的氛围中自我介绍呢？首先,要面带微笑,笑容会令对方感到温暖有诚意。否则将无法制造融洽、和谐的气氛。

从交际心理上看,人们初次见面,彼此都有一种了解对方,并渴望得到对方尊重的心理。这时,如果你能及时、简明地自我介绍,不仅满足了对方的渴望,而且对方也会以礼相待。这样,双方以诚相见,就为进一步交往奠定了良好的基础。

而且,在参加社交集会时,主人不可能把每一个人的情况都介绍得很详细。为了增进了解,你不妨抓住时机,多作几句自我介绍。时机有两种:一是主人介绍话音刚落时,你可接过话头再补充几句;二是如果有人表示出想进一步了解你的意向时,你可作详细的自我介绍。

自我介绍时应注意以下几点:

要有自信心

在日常交往中,有些人怕见陌生人,见到陌生人,思维凝固了,手脚也僵硬了,本来伶牙俐齿的,变得说话结巴;本来笨嘴笨舌的,嘴巴更像贴了封条。这种状况怎能介绍好自己呢？要克服这种胆怯心理,关键是要自信。有了自信心,才能介绍好自己,给别人留下好的印象。

态度自然

有人把自我介绍称为自我推销。既然推销产品时需要在货真价实的基础上作宣传,那么推销自我时也不能不顾事实而自我炫耀。因此,作自我介绍时,最好不要用“很”、“最”、“极”等极端的词汇,给人留下“狂”的印象;相反,真诚自然的自我介绍,往往能使自己的特色更闪闪发光,引起人们的注意。要自然清晰地说出自己的姓名、职务,态度要不卑不亢,并用友善热忱的目光看着对方。不管对方是谁,即使是对晚辈也不能摆出一副高傲的神态。切忌犹豫、猥琐自卑,这样会给对方留下不好印象,有碍关系进一步发展。

注重实际

一般不宜用“很”、“最”等词进行自我评价,既不能夸耀自己,也不必有意贬低自己。

繁简适宜

自我介绍包括姓名、籍贯、职务、工作单位或地址、文化程度、主要经历、爱好等等。自我介绍时,要根据不同场合的要求,繁简适当。一般来说,联系工作、宴会、发言前的自我介绍要简单明了,而在应聘、交友等场合则不妨详细一点。

内容明确

在进行自我介绍时语言一定要清晰明确，这不仅是为了使对方听清你自我介绍的内容,而且能使对方感到你充满自信,对你产生一种亲近心理。如果你声音模糊,羞羞答答,会使人感到你找不到自我,给对方留下不好的印象。

语言得体

自我介绍时,一定注意语言要文雅、得体。如果有人这样作自我介绍:“我姓王,是王八的王。”或者有人这样介绍:“我姓杨,是杨树的杨,不是猪马牛羊的‘羊’。”别人会认为粗俗不堪,不值得与你交往。

说好“我”字

自我介绍不能过多地出现“我”字,否则会给人突出自我、标榜自己的印象。所以要尽量少用“我”字;同时要以平和的语气、平缓的语调说“我”,目光要亲切、自然;尽可能地用“我们”来代替“我”。这样可以缩短双方的心理距离,排除陌生感。

巧用名片

交换名片是广泛应用的一种庄重、文雅的交际方式。给对方递名片时态度要恭敬,顺便带说一句“请多关照”。

自报姓名

自我介绍说出自己的姓名,并加以注释。所以名字报得巧妙,会使对方很快记住并留下深刻的印象。

要考虑对象

自我介绍的目地是要给对方留下一个印象, 因此要站在对方理解的角度来说话。比如第一次参加某方面的研讨会,你站起来说:“我叫某某,我来发个言。”此时在场的人一定会这么想:这是什么人?怎么从来没见过?他代表哪方面?他的意见值得听吗?所以,面对有这么多想法的听众,你只介绍“我叫某某”是不行的,别人不会专心听你的发言。如果你理解了听众的心理,就可这样介绍:“我叫××,是某某大学的教师,第一次参加这样的研讨会,望大家多多指教。现在我就这个问题谈谈自己的看法……”这样的介绍,才不会使听众心中结下疑团,也才能使听众专心听你的发言。

所以,在介绍自己时,一定要重视那个或那些与你打交道的人,要随机应变。如你面对的是年长、严肃的人,你最好认真规矩些;如与你打交道的人随和且具有幽默感,你不妨也比较放松地展示自己的特点,作出有特色的自我介绍来。

编者小语

现代人要生存、发展,就需要与他人进行必要的沟通,以寻求理解、帮助和支持。介绍是人际交往中与他人沟通、增进了解、建立联系的一种最基本、最常规的方式,是人与人进行相互沟通的出发点。在社交场合,如能正确地利用介绍,不仅可以扩大自己的交际圈,广交朋友,而且有助于自我展示,自我宣传,在交往中消除误会,减少麻烦。

恰当称呼他人

称呼是沟通人际关系的信号和桥梁,也是表情达意的重要手段。结识新朋友,不忘老朋友,一见面就是称呼对方。这既是对对方的尊重,又是自己知书达礼的体现。据有关心理专家说,人们对别人怎样称呼自己特别地看重;同时,由于各国各民族民俗不同,语言各异,社会制度也不一,因而称呼上的差别也较大。朋友相见,尤其是与陌生人相见,就不得不讲究应该如何称呼了。错误的称呼将会闹出笑话,造成误会,使对方不高兴甚至反感。而恰当的称呼则会让对方觉出你对他的尊重,它有如妙音入耳,使对方倍感温馨,从而使双方产生相容心理,使感情更加融洽,使交流更加顺畅。

推销员莉莉为了拓展业务,一天要跑好几家公司,接洽的对象多半是科长级的人,偶尔也会见到经理。这一天,莉莉在接连拜访了好几位科长之后,来到某公司,接待她的是一位经理。尽管彼此都交换了名片,可是一整天的忙碌使得莉莉有点糊涂,在谈话当中,她还是不断地称呼对方为“科长”。

等她回到自己的公司整理名片时,这才发现了自己的错误,于是十分紧张地打电话道歉。那位经理却说:“喔!原来是这么回事,没关系,你不要放在心上!”语气里所表现的豁达,使这位推销员又感激又敬佩。

的确,明明是个经理,却让人叫作科长,平常人总会有点不悦。但是对方不但没有当场提出纠正,甚至事后还安慰莉莉,可见得是个气度恢弘、胸襟开阔的人,也就难怪莉莉要佩服不已了!

人际交往中,称呼每天都会用到,这里面的学问也很多,掌握它是你在人际关系中应付自如的前提。

称呼的原则

称呼是当面招呼用的表示彼此关系的名称。称呼语是交际语言中的先锋官。一声亲切而得体的称呼,不仅能体现一个女性待人谦恭有礼的内涵,而且能使对方如沐春风,易于交融双方的情感,为深层交际打下基础。

社会是一个大舞台,每个社会成员都在社会大舞台上充当特定的社会角色,而称呼最能准确地反映人际关系的亲疏远近和尊卑上下,具有鲜明的褒贬性。亲属之间,按彼此的关系,都有固定称呼,自不待说。在社会交际中,称呼的格调有雅俗高下之分,不仅反映人的身份、地位、职业和婚姻状况,而且反映对对方的态度及其亲疏关系。不同的称呼内容可以使人产生不同的情态。比如是对老年人,就可称老人家、老同志、老师傅、老大爷、老先生、老伯。对德高望重者还可称"×老",如"张老",切不可称"老头子"、"老婆子"、"老东西"、"老家伙"、"老不死"等。很显然,前者是褒称,带有尊敬对方的感情色彩,后者则是贬称,带有蔑视对方的厌恶情绪。在交际开始时,只有使用高格调的称呼,才会使交际对象产生同你交往的欲望。因此,使用称呼语时要遵循如下三个原则:

(1)礼貌原则

这是人际称呼的基本原则之一。每个人都希望被他人尊重,而合乎礼节的称呼,正是表达对他人尊重和表现自己有礼貌修养的一种方式。在社交接触中,称呼对方要用尊称。常用的尊称有:"您"——您好,请您……;"贵"——贵姓、贵公司、贵方、贵校、贵体;"大"——尊姓大名、大作;"贤"——贤弟、贤媳、贤侄等;"高"——高寿、高见、高明;"尊"——尊客、尊言、尊意、尊口、尊夫人。

(2)尊崇原则

一般来说,汉族人有从大、从老、从高的心态。如对同龄人,可称呼对方为哥、姐;对既可称"爷爷"又可称"伯伯"的长者,以称"爷爷"为宜;对副科长、副处长、副厂长,也直接以正职相称。

(3)适度原则

许多青年人生往往对别人喜欢称师傅,虽然亲热有余,但文雅不足目普适性较差。对理发师、厨师、企业工人称师傅恰如其分,但对医生教师、军人、干部、商务工作者称师傅就不合适了,要视交际对象、场合、双方关系等选择恰当的称呼。在与众多人打招呼时,还要注意亲疏远近和主次关系。一般以先长后幼、先高后低、先亲后疏为宜。

称呼的方式

称呼的方式有多种:其一,称姓名,如“张三”、“李四”。称姓名一般适用于年龄、职务相仿,或是同学、好友之间,否则,就应将姓名、职务、职业等并称才合适,如“张三老师”、“李四处长”。其二,称职务,如“王经理”、“汪局长”,其三,称职业,如“老师”、“空姐”、“乘务员”、“医生”、“律师”、“营业员”。其四,称职衔,如工程师、教授、上尉、大校。其五,拟亲称,如“唐爷爷”、“汪叔叔”、“胡阿姨”。其六,称“先生”、夫人”、“太太”、“小姐”、“同志”等,这是最普遍、最常用的称呼。

一般在正式场合的称呼应注重身份、职务、职称、职衔,非正式场合可以辈分、姓名等称呼。在涉外活动中,按照国际通行的称呼惯例,对成年男子称先生,对已婚女子称夫人、太太,对未婚女子称小姐,对年长但不明婚姻状况的女子或职业女性称女士。这些称呼均可冠以姓名、职称、职衔等,如“布莱克先生”、“上校先生”、“护士小姐”、“怀特夫人”。对部长以上的官方人士,一般可称阁下、职衔或先生,如“部长阁下”、“总统阁下”、“总理先生阁下”。但在美国、墨西哥、德国等没有称“阁下”的习惯,因此对这些国家人士可以“先生”相称。对日本妇女一般不称“小姐”、“女士”而称“先生”。君主制国家,按习惯称国王、皇后为“陛下”,称王子、公主、亲王为“殿下”。其他有爵位的人,可以其爵位相称,也可称“阁下”或“先生”。对有学位、军衔、技术职称的人士,可以称他们的头衔,如某某教授、某某博士、某某将军、某某工程师。外国人一般不用行政职务称呼别人,不称“某某局长”、

“某某校长”、“某某经理”等。社会主义国家之间，可以称职务或同志。在美国，人们常把直呼其名，视为亲切的表示，只是对长者和有身份地位的人例外。

称呼的忌讳

在人际交往中，为了使自己对他人的称呼不失敬意，应避免在对人对事称呼上的一些忌讳。

(1)不要使用绰号和庸俗的称呼

不要随意给人起绰号，称呼“哥们”、“姐们”、“大腕”等，这些称呼不仅难登大雅之堂，而且会给人留下没有教养的女性形象。

(2)不滥用行业性或地域性的称呼

帅傅、老板、出家人等带有行业性，使用很广的“爱人”这一称呼带有地域性，在境外或国外往往被理解为充当第三者的情人。

(3)对不吉利的词语和恶言谩骂的词语要避讳

如“死”字，中国人历来就十分忌讳，并另造了一些词来表达死的含义，如百年之后、老了、去世、下世、过世、辞世、病故、病逝、长逝、长眠、仙逝、作古、不在了、远行。再如北京地区为了避免骂人嫌疑，将沾了“蛋”字边的东西都改了名：鸡蛋叫作鸡子，皮蛋被叫作松花，炒鸡蛋称为摊黄菜，鸡蛋汤叫木樨汤。这些言语忌讳不仅反映了人们趋利避害的思想倾向，也表示了对他人的尊重。

编者小语

每个人都希望得到他人的尊重，人们比较看重自己业已取得的地位。对有头衔的人称呼他的头衔，就是对他莫大的尊重。直呼其名仅适用于关系密切的人之间。一般来讲，关系越密切，称呼越简单。你若与有头衔的人关系非同一般，直呼其然来得更亲切些，但若是在公众和社交场合，你还是称呼他的头衔会更得体。

参加舞会要有规矩

舞会原是西方上流社会的一种重要的社交方式。舞会已成为时下我国老百姓普遍采用的娱乐和社交方式。不管是为了休闲还是为了应酬,舞厅都是一个让人彻底放松的地方。但是,舞会毕竟不是绝对的纯娱乐性活动,而是融娱乐与社交为一体,它既可愉悦身心、活动筋骨,又可结识朋友、交流感情。所以,在舞会上,优美的舞姿并不是最重要的,动人的谈吐、悦人的举止、优雅的风度那才能展现出你的良好形象,使你成为舞会的白雪公主,他人才会众星捧月似的围着你转。

在舞会上,按照老规矩,习惯于由男士主动邀请女士共舞。

男士邀请女士跳舞,应当向她欠身致礼,说:“冒昧请您跳舞。”但是,首先要看看自己的衣着是否很整齐,扣子是否全都扣好。女士可以友好地点一下头,表示接受邀请。如果女士表现出一种讥讽或者傲慢的神情,会大伤对方的自尊心。女士这时如果不愿意,切不可勉强地步人舞池,不如直截了当地谢绝。如果女士有家人陪同(兄弟、父母等),男士在邀请这位女士跳舞时,应首先向她的家人施礼,说:“请允许我邀您家小姐跳舞。”对这样的邀请,不必由家人出面拒绝,决定权在小姐自己。如果她先前已经拒绝跳舞,家里的男士可以说:“她该休息一会了。”

男士在跟自己女伴以及同座的女士跳舞之后，才可邀请别的坐席上的女士跳舞。如果男士请一位女士去舞厅,女士接受了邀请,那么,只有在这位女士应邀同别的男士跳舞时,他才可以邀请别的女士一起跳舞。受男伴邀请参加舞会的女士可以跟别的不相识的男士跳舞，但一定要事先征得男伴的同意。至于在自己单位的娱乐厅或社团俱乐部里,这方面的规矩就简单多了。

邀请之后,男士应请女士走在前面,自己跟在后面步人舞池,如果人不很拥挤,也可以挽着女士的手,一起步入舞池。到了舞池,起舞之前,男士应向女方再次鞠躬致谢。

有时会产生误会,对此也要留心。您在邀请一位女士跳舞,而旁边的一位女士误解为是在请她,于是从座位上起身。这时,您不要声明:“我不是请你,而是请你身旁的那位。”而应当将错就错,同这位女士跳上一轮。

女性如果已经谢绝跳舞, 那她只能在事先有约的情况下才能接受另外一个男伴的跳舞邀请。拒绝别人邀请时应当说:“谢谢您,我已经约好了舞伴。”那么,一心想跳舞的人,最好再到大厅里找别的女士试试看。

女方邀请男方跳舞,应当邀请那些在一起跳过舞,彼此相知有素的男舞伴跳舞。这种邀请,男舞伴无论如何都要接受。如果他由于某种十年九不遇的重要原因不能应邀, 那应当请求女士在他的桌旁坐下或者陪她去酒吧间,但无论如何也不能拒绝。

通常,跳舞不能男和男为伴,女和女为伴。除非在小范围内舞伴不足时,才可以这样。

一个正常人不应该把舞蹈跟技巧运动混为一谈。做运动量适宜的体操,无人反对,但不应在饭店或跳舞的场合去做。老年人当然不应该跳些特别的舞姿,但对于年轻人,我们则应该宽容地微笑着给予谅解。

跳舞时一声不吭,完全沉醉在音乐之中,不能算是严重失礼。但舞伴之间若能交谈几句,则是有礼貌的优良风度的表现。谈话一般应由男方开头,而不是女方。女方可以针对对方舞技说几句称赞的话,不能冷若冰霜,让人一眼看出你是想和别的舞伴跳舞,仅仅为了礼貌在应付,这种行为太不近人情。

在饭店或舞场里邀请女士跳舞,不必作自我介绍。如果跳了好几轮,可以在跳过第三轮或第四轮后作一下自我介绍。这时,女士不必通报自己的名字。如果男舞伴被女士请到她的座位前,那么他应当跟她所有的同伴相互认识一下。跳完了舞,男舞伴一定要挽着女士的手走到她的座位前,或者让女的走在前面,自己跟在后面。男舞伴应当为能一起跳舞向她表示谢意。

邀请他人共舞理当彬彬有礼,被邀者也该落落大方,这是舞蹈者良好的礼仪修养与文化素质的体现。然而,在舞会上也常常出现一种情形,即被邀请者推拒他人的共舞邀请。但无论何种理由,推拒都更应当注重礼仪。

一般而言,被邀请的女士最好不要随便推拒他人的邀请。如果确要推拒,则应十分有礼貌地微笑着向对方陈述推拒的理由:

"对不起,我有点累,想休息一会。""对不起,我不大会跳快步舞,请原谅。"如果已经答应了他人的邀请,则应对再邀者说明:"对不起,已经有位先生邀请了我,等下一曲,好吗?"

当下支舞曲开始后,那位邀请者再次相邀时,在确无特殊情况下,应欣然随之起舞,不可再次推拒,否则有出尔反尔、故意戏弄他人之嫌。

已经推拒了他人之邀,如一支舞曲未了,就不应再接受其他男士的邀请了,否则,便会被看做是对前一位邀请者的轻视和无礼。

当两位男士同时发出邀请时,最为得体的办法是以婉转的理由将两位均予谢绝。

如果男女人数相等,结伴参加舞会,相互调换舞伴会自然而和谐,并会因彼此熟识而感到融洽欢悦。此间若有其他男士邀请其中的某位女士,不可一概推拒,更不能以"我不认识你"、"我不跟你跳,我有伴了"之类的非礼之语拒绝。这种生硬无礼的语言既伤害他人的自尊心,使人陷人极为尴尬的境地,又会因缺乏礼貌和修养而损害自己的形象。

编者小语

舞会是公关人员经常接触的一种社交形式。跳舞是干什么呢?锻炼身体,帮助消化,排遣寂寞的时光,结交朋友,认识人去了。社交场合的舞会,尤其是公关舞会则性质不同,它非常正式,我们是把这种舞会当作一种社交形式来看的,所以非常强调礼仪。

做客礼节很重要

每逢节日到来,拜访朋友、长者的时候,要注意礼节,不要使人感到粗鲁,产生厌恶感。现在有些人缺乏教养,访人时不但行动鲁莽,而且说话也毫无礼貌,这当然是很不好的。

小田在北京打工,一天她正在上班,突然接到一个电话。朋友小倩说,她现在在北京西站,让小田去接她。小田立刻请假去接她,问小倩来这有什么打算。小倩打着呵欠说:“暂时还没想好,先玩几天吧。”于是,她就跟小田挤在一张床上睡了几天,什么也不干,弄得小田很不高兴。

拜访如此唐突且没有礼貌是令人讨厌的。也许,有人觉得大家是朋友,无所谓,事实上,拜访做客是要讲礼节的。

拜访是指本人或派人到朋友府上或工作单位去拜见访问某人的活动。人与人之间、社会组织之间、个人与组织之间总少不了相互拜访。拜访有事务性拜访、礼节性拜访和私人拜访三种,而事务性拜访又有商务洽谈性拜访和专题交涉性拜访之分。但不管哪种拜访,都应遵循做客的礼节。

做客要预约

拜访友人,务必选好时机,事先约定,哪怕你们的关系亲如姐妹,这都是进行拜访活动的首要原则。一般而言,当你决定要去拜访某位友人,应先写信或打电话与被访者取得联系,约定宾主双方都认为比较合适的会面地点和时间，并把参访人数和访问的意图告诉对方。一般应避开吃饭和午休的时间，晚上拜访时间也不宜太长。在对外交往中，未曾约定的拜会，属失礼之举，是不受欢迎的。因事急或事先并无约定，但又必须前往时，则应尽量避免在深夜打扰对方；如万不得已非得在休息时间约见对方时，则应见到主人立即致歉，说“对不起，打扰了”并说明打扰的原因。

做客要守时

宾主双方约定了会面的具体时间，作为访问者应履约守时如期而至。既不能随意变动时间，打乱主人的安排，也不能迟到早到，准时到达才最为得体。如因故迟到，应向主人道歉。如因故失约，应在事先诚恳而婉转地说明。在对外交往中，更应严格遵守时间。日本人安排拜访时间常以分为计算单位；在瑞典，如拜访迟到十分钟，对方就会谢绝拜会。准时赴约是国际交往的基本要求。

确信拜访对象

入门前首先要轻轻地叩门，有电铃的则按电铃。待有回音或有人开门后方可入内，即便是大门半开着或者全敞开着，也应以平和的声音询问后才可进去，不可随便闯进。如果出来开门的是生面人，则应问：“请问，这是不是××同志的家？”“他在家吗？”“我有事想拜访他。”待对方一一点头后才能进去。如果敲错了门，则应说“对不起，打扰了”，表示了歉意才走开。如果向对方询问你要相访的人的住地所在，若对方答复了你的问题，便应以“谢谢”来表示谢意。

做客要带“礼”

到办公室还是到寓所拜访，一般要坚持客由主定的原则。如是到主人寓所拜访，作为客人进入主人寓所之前，应用食指轻轻叩门或按动电铃，若是熟人、亲属,可在敲门后立于门口;若是初访,应侧身站在门首的左侧,待有回音或有人开门相让,方可进入。若是主人亲自开门相迎,见面后应热情施礼问好;若是主人夫妇同时相迎,则应先问候女主人。若你不认识出来开门的人,则应问:“请问,这是×××先生(女士)的家吗?”得到准确回答后方可进门。当主人把来访者介绍给他的妻子或丈夫相识,或向来访者介绍家人时,都要面带微笑,热情地向对方点头致意或握手问好。见到主人的长辈则应恭敬地请安,并问候家中其他成员或保姆。当主人请坐时,应道声“谢谢”,并按主人指点的座位入座。若带有鲜花、果品、书籍等礼物,可在进门之初奉献主人。主人上茶时,要起身双手接迎,并热情道谢。喝茶时要慢慢品饮,果品要小口细嚼,作为女性烟要少抽或不抽。对后来的客人应起身相迎,必要时,应主动告辞。如带小孩做客,要教以礼貌做人,尊敬地称呼主人家所有的人。如主人家中养有狗和猫,作为客人,千万不应表示害怕、讨厌,不应去踢它、赶它。若作为女主人,也应遵循“尊客之前不叱狗”的传统礼节。

做客要衣着整洁

作为女性,为了对主人表示敬重之意,拜访做客时要仪表端庄,衣着整洁。人室之前要在门垫上擦净鞋底,不要把脏物带进主人家里。冬天进屋再冷也应脱下外套,摘下帽子、手套、墨镜,有时还应脱下大衣和围巾。在主人家中要讲究卫生,不要把主人的房间弄得烟雾腾腾,糖纸、果皮、果核应放在茶几上或专用果皮盒内。身患有病,尤其是传染病者,不应走亲访友。邋遢之客、带病之客是不受欢迎的。

做客要举止文雅

人们常说,主雅客来勤,反之,也可以说客雅方受主欢迎。如果你要访问的是很熟的人,可以随便一些;如果是拜访长者,或者虽不是长者但第一次到人家的家里去做客,则应彬彬有礼。见到主人切西瓜、端茶、拿糖果接待,要致以谢意；如主人递烟，自己不抽烟，应婉言说清。如入门后，见到有不熟悉的人，先对熟悉的人要打招呼，对不熟悉的人，经主人介绍后，也要一一问好。如见到主人同另外的人正在谈要事，应另找别室休息，如无别室，又没有别的很重要的事，则应在寒暄以后，稍坐片刻，即告辞出门，以免妨碍主人。如主人说明这并不是商量要事，而是闲坐，则可一起坐下去。闲谈时，如果是有长者在座，自己是晚辈，应该用心听长者的谈话，不要随便插话，更不要自以为是，切忌故意挑剔对方来显示自己有见识。如果自己确有真知灼见，也要虚心地发表自己的见解，请求对方指正。不要语带讥刺，藐视长者，目空一切。有修养、有学问的人，是绝对不会这样做的。

做客要适时告辞

有些女行唠起家常来，能把"凳子"坐穿，惹人讨厌却不自知。要知道"串门无久坐，闲话宜少说"。初次造访以半小时为宜，一般性拜访以不超过一小时为限。造访目的达到，见主人已显疲乏，或意欲他为，或还有其他客人，应适时告辞。假如主人留客心诚，执意强留用餐，饭后应停留一会再走，不要抹嘴便走。辞行要果断，不要"走了"说过几次，却口动身不移。辞行时要向其他客人道别，并感谢主人的热诚款待。出门后应请主人就此留步。

做客拜访是日常生活中最常见的交际形式，也是联络感情、增进友谊的一种有效方法。但是，做客不是单独的吃饭喝酒，它需要我们遵守礼仪。

注意握手的细节

无论时代怎么改变,端庄诚恳都是礼节中不可少的要素。握手是现代人在社交场合不可缺少的礼节,它将成为你与他人掌心相通的滤暖,与他人心灵交流的桥梁,是你成功路上不可少的契机。

小姚第一次去面试的时候很紧张,紧张的手直冒汗。当她敲开面试房间的门时。主考官很热情地站起来,伸出手来,而小姚却傻了,忘了伸出自己的手,弄得气氛很尴尬。当然,她没有被录取。但她永远记住这一次“握手”。

能够大方优雅地与人握手,也是一种魅力。

王小姐是一家外贸公司的业务代表。不仅长了一副精明能干的外表,而且天生拥有好口才。一般情况下,只要她接触的客户总是会轻轻松松地被她搞定。美中不足的是,她有一个最大的弱点,就是在与客户见面的时候总是不知道应该怎样进行第一次握手。其中有好几次在与国外客人见面时,都弄得双方非常尴尬。大家都知道,外国人多数都是外向性格,他们喜欢轻松、自然地接触交流。可每次王小姐与人见面的时候都不肯先伸出她的玉手,让人家握一握,而老外们又多数都期待着享受这种欢迎礼节。一边在热盼,另一边却毫无反应,可见当时大家的表情是多么尴尬。后来经过一次系统的礼仪学习后,她才恍然大悟。原来握手也是一件很有讲究的事情。

作为一个受五千年传统文化影响的中国女人, 行为上往往有浓厚的贤淑美德，鞠躬时端正、诚恳而有“深度”；迎面遇人则侧身低头让人先过；喝茶时，双手捧杯恭敬而饮，这些无疑也是一种旧文化的特色。西方社交礼仪传入中国以后，和其他的文化冲击一样，改变了一些事情，也改变了中国女性在社交场合中的形象。不过，无论怎么改变，端庄、诚恳仍是礼节中不可少的要素。握手是现代女性在社交场合不可缺少的礼节，能大方又优雅地与人握手，也是一种魅力。

在性别的差异里，先伸手的应该是女性，而男性应立即伸手回握；同性而有年龄长幼之分时，则年长的先伸手，年轻的立即伸手回握；阶层有高低差别时，以阶层高的先伸手，阶层低的立即回握。

年龄与性别有冲突时，如男性年长，是女性的父亲辈年纪，在一般社交场合中仍然以女性先伸手为主。除非男性已是祖父辈年龄，或女性未成年在二十岁以下，则男性先伸手，女性才回握。阶层与年龄或性别有冲突时，永远以阶层为主。

不过有一个原则必须把握，即好的礼节原是促进人与人之间良好关系的基础，因此任何人忽略了握手礼的先后次序而已经伸出手，对方都应该不加迟疑地立刻回握。

另外，好的握手礼是温暖的掌心相通。眼睛看着对方，脸上有表情，在握手中流露诚恳、温暖、亲切。许多女性仅以指尖相握，或者只是伸出一只冷冷的手而毫无相握之诚，均非适宜的握手礼。孰不知虽只是盈盈一握，却包含了是否令人愉悦、信任、接受的契机，真不可谓之不重要了。

握手通常是你与他人的第一次身体接触，而握手这个动作会给人一种什么样的观感，跟以下三件事有相当大的关系：

(1)如何握手。

(2)何时握手。

(3)别人的感觉如何。

一次令人愉快的握手，感觉上是坚定、有力，代表这个人能够作决定、承担风险，更重要的是能够负责任，以诚挚、热情的握手，来显示他多么高兴能够认识你。至于令人反感的握手，感觉是犹豫、不爽快，好像在告诉别人我不是作决定的人，让人觉得你软弱、狡猾，没有生气。

至于用力到好像要把对方骨头捏碎,给人的感觉是一样的糟糕。正确的握手,给人干爽、触感很舒服的感受;湿黏、冰冷的感觉,就像长时间握着一杯冰水,将给对方留下不悦的印象。

如果你的手经常都是冰冷的,当你要与人握手时,不妨把手放进口袋里让手温热点。

如果你的手常年都是湿冷的,在握手之前,先在裤子或裙子上擦一擦,使你伸出去的手是干的。当然你的动作必须快速而优雅,以免引起别人的侧目。

编者小语

老子曾说:"天下难事,必做于易;天下大事,必做于细。"它精辟地指出了想成就一番事业,必须从简单的事情做起,从细微之处入手。如何握手,这都折射出一个人的品德素养。

杜绝不受欢迎的坏习惯

在现代处世中我们常会遇到一些人，由于一些微不足道的缺点，使她们成为一个不受欢迎的人。她们这些微不足道的缺点像那遮住明月的乌云一样，有时掩盖了她们原有的美丽与皎洁的光辉。

这天天气很热，大家都在认真领导讲话。突然会议室的某一块有了一点骚动，很多人捂住了鼻子，原来是有位平时就大大咧咧的男同事脱掉了脚上的皮鞋。此大不雅的举动招来了众人非议。旁边的一女同事碰了碰他，示意他把鞋穿上。这位同事当时正听得入迷，这个小小的提示，弄得她满脸通红，狼狈不堪。

我们常常遗憾地看到，一些外表光鲜的人，会在众目睽睽下做出一些诸如擤鼻涕、搓泥垢、脚从鞋子里钻出来“乘凉”的举动，令其形象大打折扣，这就是没有修养的体现。请你看完这段话后，注意杜绝以下不受欢迎的坏习惯：

当众搔痒

每一个人，你必须要知道搔痒动作不雅，而且由于你的搔痒动作当众进行，会令人产生联想，使别人感觉不舒服。

掏耳和挖鼻

有些手痒的人，只要他看见什么可以用，就会随手掏耳朵。尤其是在餐室，大家正在喝茶、吃东西的时候，掏耳朵的小动作，往往令旁观者感到恶心。这个小动作实在不雅，而且失礼。即使你想“洗耳恭听”，此时此地也不是时候。同样，用手指挖鼻孔也是非常失礼的动作。

剔 牙

宴会席上，谁也免不了会有剔牙的小动作。既然这小动作不能避免，就得注意剔牙时不要露出牙齿，而且不要把碎屑乱吐一番，最好用左手掩住嘴，头略向侧偏，吐出碎屑时用纸巾接住。

体内发出各种声响

生活经验告诉我们，任何人对发自别人体内的声音都不太接受，甚至感到讨厌。所以在社交中，要杜绝自己在公众场合有诸如咳嗽、喷嚏、哈欠、打嗝、响腹、放屁的行为或习惯，因为这些响声都会令人觉得你不太舒服或是正在生病，别人会立马感到受威胁或产生联想，继而产生厌恶感。

双腿抖动

这种小动作多发生在坐着的时候，站立时较为少见。这种小动作，虽然无伤大雅，但由于双腿颤动不停，令对方视线觉得不舒服，而且也给人情绪不安定的感觉，这也是失礼的。同样，让跷起的腿钟摆似的打秋千也是相当难看的姿态。

乱丢烟蒂

现在有越来越多的人都在抽烟。抽烟的人在许多场合不受欢迎,究其原因就是人们认为吸烟者缺乏卫生习惯。如果你是一位抽烟的人士,看看自己有没有这些不良的抽烟习惯,如走着路抽着烟,令擦身而过的人害怕烧坏了自己衣服;随处点烟灰,使环境受到污染;没有燃尽的烟蒂又令人害怕引发一场不该有的灾难。随处乱扔烟蒂,往往会损坏地毯、地板和环境。有些人还会在其就座的位置旁,随手揿灭烟头,致使烟头留在窗台、墙边、桌边,令人十分反感。

随地吐痰

随地吐痰是一种恶习,在一些不发达、不文明、环境恶劣的地区到处可见。遗憾的是身处文明之地,身着时髦靓衣的女性有时也会犯此毛病,乘人不备随地吐痰。这种行为应该坚决杜绝。每一个现代文明人,都应清醒地认识到,是否有人看见你随地吐痰不是问题的关键,关键是因为这种举动证明你还处于愚昧、落后、肮脏的阶层。

长指甲和污垢

留长指甲可能是女人的一种癖好,但也有一些女人疏于修剪,而且也疏于清理指甲内的污垢,这就近于失礼了。当和对方握手、取烟、用筷时,半月形的指甲污垢赫然在目,实在不雅至极!

以"喂"来喊人

打电话时,人们为了接通线路,故"喂"一声,待互通声气以后,照例是"早安"或者是"你好",然后再说下去。但是有些人,平时见到朋友也像接电话一样先来“喂”一声，这就有失礼貌了，应该以姓和称呼来招呼对方才对。我们也常见有些人问路，也是“喂”一声，虽然对方是路人，但为了礼貌起见，也得来一声“你好”、“请问先生”。

频频看手表

假如你不是忙人，而且又无其他重要约会，那当你和朋友攀谈时，最好少看自己的手表。这样的小动作会使你的朋友认为你还有什么重要的事情；不会使谈话继续下去；同时，你的小动作可能引起对方的误会，以为你没有耐心再谈下去。

如果你确实有要事在身的话，你不妨婉转地告诉对方改日再谈，并表示歉意。

不守时间

有一位小姐，她是一个非常可爱的人。她的脸型配上苗条的身材，显得特别清新飘逸，她的一双美腿走起路来轻盈极了。她喜欢穿淡雅服装，特别喜欢穿轻纱罩着的裙子。她的谈吐也是非常斯文，亲切的话语交织着清甜的笑声，跟她在一起，令人神爽意新。像这样的一位小姐，怎么会令人不愉快呢？

然而，她有一个很令人头痛的坏习惯——不守时间。

许多次，朋友们在车站等她一起去旅游，大家都到了，她却左等也不来，右等也不来。有的人坚持要等她，有的人老早就不耐烦了。终于，她来了，仍然那么轻盈，那么潇洒，那么清新飘逸，同时又那么清甜，那么愉快，那么悠然自在若无其事。在别人的埋怨声中，她竞连一句道歉的话也不说。

我们不知道她的心里是怎么想的，不过，渐渐地她就被摒除在社交生活之外了。因为人们对她越来越反感，觉得她每次浪费别人这么多时间，是一种不可饶恕的行为。这种情形要绝对尽量避免。

打听别人的私事

吴小姐性情活泼,态度亲切,凡是她到过的地方,都充满了甜美的欢乐笑声。她美丽大方,明眸皓齿,而且她的打扮总是叫人看起来很舒服。

然而她的毛病就是特别爱打听别人的私事。每到一个地方,她就很起劲地去查问别人的家庭情况,收入多少,在别人不注意的时候,就翻弄别人的用具,或是偷看别人的信件。

而且不只如此,她会把她探来的私事,在闲谈的时候随意地讲出来,也不顾这样做对别人有无损害。

她的这种毛病很是让人头痛,并且还会引起别人对她产生疑惧,以为她是别有用心。其实,她的内心是毫无恶意的,一方面是出于好奇,一方面又是由于喜欢说话。好奇,就对别人的私事发生无穷的兴趣;喜欢说话,就不免会把自己的见闻讲出来。可是她不知道。在她这种"天真烂漫"的行为,不知给别人带来了多少的不安与不快。

编者小语

在日常生活里我们常会遇到一些人,由于一些微不足道的缺点使他成为一个不受欢迎的人。他们这些微不足道的缺点却像那遮住明月的乌云一样,掩盖了他们原有的美丽与皎洁的光辉。

要注意提问技巧

人与人交谈离不开提问。精妙的提问不仅可以使你获得信息和知识，同时可帮助你了解对方的需要和追求，从而达到人与人之间的沟通、交流和互助，促成事业的成功。当然，提问是离不开技巧才的，同样的一个问题，若用不同的语言提问，收到的效果肯定不一样。

李思思是一家首饰店的柜台小姐。一天，有一个体态丰腴的少妇在柜台边挑一对耳环。她拿着一对圆形的大耳环戴上了，感觉不是很好，又摘下来换另一种，这种不行，再换一种，这样重复了好多遍。眼看着柜台上的几种耳环差不多都被她试过了，可她还没有决定到底买不买。这时，李思思对她说："您累不累，需要我帮您选吗？"这位少妇脸一下子红了起来，赶紧挑了一种款式就付款了。很显然，她也感觉自己太挑剔了，再也不好意思继续选了。

看来，提问是要有点技巧的。提问就是生活中的一个法宝。高明的提问可使对方感到舒畅，反之，糟糕的问话只能使自己显得无知可笑。

一个人想要在社交中如鱼得水，不妨先了解一下提问技巧和方法：

注意因人而异

俗话说：到什么山唱什么歌。同样，提问也应见什么人说什么话。

首先，人有男女老幼之分，该由老人回答的问题，向年轻人提出就不合适；该向男性提出的问题，也不能叫女性来回答。如果对一位正感年华似水、老之将至的女士提出一个看似很平常的问题:“您今年多大年龄?”尽管你毫无恶意,也定会惹得她恼怒不已。

其次,每个人都有自己独立的性格色彩。有人性格外向、性情直率,对任何问题几乎都能谈笑风生,畅所欲言;有人寡言好思,情绪才外露,态度比较严肃;也有人讷于言辞,孤僻自卑,对任何问题都很敏感,甚至有点神经质。对性格外向的人,尽管什么问题都可以提,但也须注意问得明白,不要把问题提得不着边际,否则很容易使谈话“走题”。对寡言好思的人,要开门见山,简洁明了,提问要富有逻辑,尽量提那种“连锁式”问题。比如你为什么会这样呢?后来呢?这样可以促使他源源不断、步步深入地谈下去。对那种敏感而又讷于言辞的人,要善于引导,不宜一开始就提冗长、棘手的问题,通常以他喜欢的话题,由浅人深据实发问,启发他把心里话说出来,但必须注意,决不能向他提出令人发窘的问题。

第三,人的知识水平和所处的社会环境各有千秋。因此必须仔细观察、了解对方身份,把问题提得得体,不唐突、莽撞。如果你跑去问一名并不熟悉烹饪技术的宇航飞行员,应该如何烹制才能使做出的菜美味可口,就肯定不会如愿以偿。这表明,提出的问题必须根据对方的知识水平、职业情况及社会地位等进行合理分配,该问甲的不要问乙,该问乙的不要问丙。

掌握最佳时机

提问并不像逛大街、上市场那样随时都可进行,有些问题时机掌握得好,发问的效果才佳。有两个过去很要好的朋友都刚刚走上工作岗位,一个偶然的机会他们相遇了,互相询问:“你们单位待遇怎样?你工资多高?谈恋爱了吗?”显得既亲热自然,又在情理当中。但是,如果一位姑娘经人介绍与一位从未见过面的小伙子谈恋爱,公园门口两人准时赴约了,沉默了一会,姑娘抬起头来问:“你谈过恋爱吗?工作轻松吗?工资多少?”其结局就可想而知了。

一般来说,当对方很忙或正在处理急事时,不宜提琐碎无聊的问题;当对方正专心欣赏音乐、文娱节目或体育比赛时,不宜提与音乐、文娱节目或体育比赛无关的问题;当对方伤心或失意时,不宜提太复杂、太生硬,会引起对方不愉快的问题;当对方遇到困难或麻烦,需要单独冷静思考时,最好不要提任何问题。

问题提得具体

那种大而泛的问题,往往叫对方摸不清头脑,因而也就不可能回答好。相反,问题具体了,反而可以引导对方的思路,从而得到满意的回答。

讲究逻辑顺序

如果你要就某一专题性问题去请教别人,则必须按事物的规律,先从最表面、最易回答的问题问起,或者先从对方熟悉的事问起。口子开得小些,然后逐渐由小到大,由表及里,由易到难地提出问题,并注意前后问题间的逻辑性。这样才有助于问题的逐步深入,并便于对方回答,不至于一开口便为难卡壳。同时,也有助于自己理解对方的谈话,便于从中总结出规律性的东西。

保持灵活态度

发问不仅仅是口才的问题,还是一个人的思维能力问题。提出一个问题后,你要仔细聆听对方的谈话,并注意观察对方谈话中的一切细节,积极开动脑筋发现新的问题、新的疑点,并立即抓住,追问下去,弄个水落石出。此外,你还要注意对方回答问题的态度,一旦发现他避开某些东西,你可以打断他的话,试探他的反应,也可以用眼睛带着双关的意义盯住他,持续一段时间,直到使他变得不安为止。这时,他往往会在无意中脱口说出你最希望得到的答案。

准备多种提问方式

同一个问题,必须准备多种提问方式。提问方式一般分以下几种:正问,开门见山,直接提出你想了解的问题。

反问——从相反的方面提出问题,令其不得不回答。

侧问——从侧面入手,通过旁敲侧击,迂回到正题上来。

设问——假设一个结论启发对方思考,诱使对方回答。

追问——循着对方的谈话,打破沙锅问到底。

应该知道,不是任何人一开始就愿意如实回答你所提的问题的,他们往往借“无可奉告”、“我也不大清楚”等词来推托,所以应该准备多种提问方式。当他坚决表示无话可说时,你就装成误解了他的样子,转而用另一种方式提问,如此反复。如果他拒绝回答,你可以设想一个令其为难的结论,请他指导,一旦他开了口,你就可以步步紧逼,追问到底了。

编者小语

一个问题提出后,别人能从问题标题和内容里直接看出你的修养、提问的水平、问题的水平以及你是否经过积极思考、是否值得别人去关注和回帖,这也就直接影响了该问题解决的速度和得到正确答案的可能性。所以,别小看了提问的方法和技巧,毕竟,我们都是抱着解决问题的目的而来的。

电话礼节不可忽视

电话交际是现代人常用的交际方式，双方的声音、态度、举止虽远在千里之外，但都是可以感受到的。只要听听电话中的交谈内容，就可以判断一个人的修养和社会化程度。为了正确使用电话，树立良好的“电话形象”，无论发话人还是受话人，都应遵循电话应对的“四原则”——声音谦和、内容简洁、举止文明、态度恭敬，把握好打电话与接电话的礼节。

小刘是洗衣机公司在北京的代理商。中午轮到她值班，她手里捧着一本小说正看得入迷，电话铃响了五六声，她终于不紧不慢地接了电话。

“喂！”她拿起电话，没有报自己公司姓名，懒洋洋地回答对方。“您好，请问这里是洗衣机代理吗？”对方问。

“是。”小刘回答。

“你好。我想买一个××牌的洗衣机，请您介绍一些型号。”对方又说。

“我们的洗衣机分好几种，你想要哪种？”小刘冷漠地反问。“小姐，我不明白，洗衣机就是洗衣机，还要分什么种类？不就是按大小来分种类吗？”对方困惑地问。

“当然要分，有的能甩干，有的不能甩干。”小刘随手摸了一块饼干放进嘴里。

“等我想一想再决定吧。”对方挂了电话。

不要以为电话中谁也见不到谁，所以想说什么说什么。其实，正因为电话中谁也见不到谁，更应该注重礼节。下面是一些不容忽视的电话礼仪，请女士们务必注意。

打电话的礼节

(1)选择通话时间

应根据受话人的工作时间、生活习惯选好打电话的时间。比如,白天宜在早晨八点以后,节假日应在九点以后,晚间则应在十点以前,以免受话人不在或打扰受话人及家人的休息。如无特殊情况,不宜在中午休息时和一日三餐的常规时间打电话,以免影响别人休息和用餐。给单位打电话时,应避开刚上班或快下班两段时间,还要特别注意其所在地与国内的时差和生活习惯。要注意通话长度,遵循电话礼仪的"三分钟原则",即每次通话的时间应限制在三分钟左右为宜。不要给在家的人打电话谈公事。使用公用电话时,如打电话的人较多,应自觉排队。自己的电话一时拨不通,应让别人先打。

(2)打电话前的准备

在电话中应该说些什么,一次电话该打多久,打电话前应有腹稿。如怕遗漏,可拟出通话要点,理顺说话的顺序,备齐与通话内容有关的文件和资料。打电话之前,要核对所打电话号码,以免打错,同时要调整好自己的情绪。电话拨通后,应先向对方问候"您好!"接着问:"您是×××单位吗?"得到明确答复后,再报自己单位和姓名,然后报出受话人姓名;如受话人不在,可请人转告,或过一会再打;如拨错号码,应向对方表示歉意;说话要直言主题,简明扼要,长话短说,不要丢三落四。有的人爱煲电话粥,要知道这是不礼貌的,尤其是晚上。因此,打电话之前一定要先拟好要点,以免惹人讨厌。

接电话的礼节

(1)及时接听

电话铃响后应马上接听。电话铃响后应遵循"铃响不过三声"的原则,不能耽搁。接电话时态度应当谦和,最好是双手捧起话筒以站立的姿势面带微笑地与对方通话。并备好电话记录本和笔,准备做通话记录。拿起听筒后,应先说一句礼貌语:“您好!”或“早上好”,再报自己的单位或姓名,然后问对方找谁,切忌只问不答或与旁人说笑。如遇紧急情况要暂停通话时,应致歉并说明原因。如果自己不是受话人,应热情传呼,不能把听筒一丢,就大叫“某某电话”,这对发话人和受话人都是失礼的。应热情告诉对方:“请稍候,他马上就来。”如果找的人不在,则要重新拿起话筒,询问对方是否需要转告,并记下对方的电话号码和姓名,不可表现出冷淡或厌烦,不能让对方久等或一挂了之。如接到别人打错的电话时,应以礼相待,并耐心听清对方要找什么单位、什么人,尽可能为对方提供所要的电话号码,不可指责、辱骂对方。

(2)最好不用免提

作为一个女性,冲着免提电话大声说话,这不仅影响形象而且是很不礼貌的。如果必须使用免提电话,则须遵循如下礼规:一是不要在对话的一开始就使用免提电话。二是使用免提电话时,要先征询对方意见,并解释原因,如说“张三,李四将和我们一起完成这个项目。所以我希望他们也听听我们的对话”。三是介绍在场的每个人。四是一次只能一个人讲话,而且应靠近电话机。每个人讲话时先自我介绍,如中途离开换人讲话,要打招呼。总之,免提电话只在需要时使用,平时则要慎用。

(3)接电话的声音

留心自己在电话中的态度和声音,然后尽量使自己的声音更悦耳一些。也就是说,铃响时请微笑接电话,然后说;“喂!”好像你很高兴有人来电一样。这样做与闷声闷气,不耐烦,或者含混敷衍的应答相比,哪一种更为人所接受呢?回想一下自己打电话的经历,结论是不言而喻的。

用好“电话语言”

(1)注意“电话形象”

电话语言,不仅要坚持用“您好”开头,“请”字在中,“谢谢”结尾,更重要的是控制语气语调。如果你是一位有着美丽的嗓音的女性,再加上你与人通话时态度谦恭，语气热诚，语调温和且富有表现力，音量适中，快慢适当，措辞准确，语言简洁，口齿清晰，并且用的是“带微笑的声音”，声音甜美柔和，彬彬有礼。那么，你将大受欢迎。另外，你还要对发话者说的事感兴趣，给对方以愉快、亲切，可以信任的感觉。特别是有关时间、地点要交待准确，使人感到亲切自然，切不可高声大喊，装腔作势或拿腔捏调、嗲声嗲气，更不能粗暴无理。

通话时还要注意举止文明，以端正的体态接打电话。发话者最好起身站立，双手握持话筒，使口部与话筒之间保持3厘米左右的距离。不能把话筒夹在脖子下，或是趴着、仰着，坐在桌角上与人通话。拨号时，不能以笔代手，或边打电话边吃东西、抽烟。

(2)认真倾听，礼貌应答

平时在电话机附近应备有电话号码簿、电话记录本和笔。懂得倾听的女性是聪明的女性，当你接电话时应放弃一切闲谈和停下其他工作，认真聆听发话人的谈话和要求，重要内容还要边听边记，并向对方复述一遍，以便校正。在通话中，应礼貌地呼应对方，适时地应声附和，不时地“嗯”、“哦”一两声，或说“是”、“好”、“对”之类的话语，让对方感到你是在认真倾听，不要默不作声。不要轻易打断对方的谈话。如发觉电话内容不宜为外人所知或有急事需要处理时，可委婉告诉对方“我身边有客人”或“我有急事要处理，等一会儿我再给您回电话。”如获知有人来电话找过自己，不管对方是否要求回话，都应尽早回话；如时隔较久，给对方回话时应表示歉意并解释原因。

以上是有关电话的种种礼节，大家若能认真学习它，然后加以运用，必能成为受人欢迎的人。

编者小语

电话是现代商人越来越常用的一种交流工具，因此，了解一下打电话的一般礼貌要求是很有用的。打电话的基本原则是简明扼要，切忌罗嗦，既究出不了问题，又占用别人时间，从而引起别人反感。

第九章

家人交往也要花心思

夫妻之间也要适当保留

生活中所有的一切都不是透明的。天不是透明的,水不是透明的,作为自然界最高级的生物,人也不例外。夫妻之间原本可以无话不说,但如果事事都很透明则大可不必。生活中谁没有一些属于自己的小秘密呢?它的存在不会影响到夫妻之间的感情,反而如果把它坦诚地说出来才让对方会有一种"对方对自己不忠,对婚姻不忠"的错觉。

因此,夫妻之间要适当保留自己的隐私。在夫妻之间永远都隔着一张透明的纸,这样夫妻之间会彼此的有一种朦胧新鲜的感觉,会更增加夫妻之间的感情,彼此感觉对方对自己是那么的信任和尊重,如果夫妻之间捅破了那张薄纸,个人的性格和脾气完全的暴露在对方的视线之下,这样就很容易因为无聊的小事而发生冲突,没有了对方的隐私,也就没有了相互的信任,往往因为误会而发生摩擦,甚至破坏了家庭的安定团结,最后走向解体的边缘。

黎明在某大学读书时与同学晓梅产生了爱情。毕业后,终因两地分居晓梅割断了他们的爱情线。黎明为此曾大病了一场。两年多后,已经而立之年的黎明经亲友介绍认识了兰兰,匆匆地举行了婚礼。于是,那段大学的恋情成了黎明的"情感隐私",被埋在了心底。

但就在他们新婚的第二天,当黎明准备陪同兰兰回娘家之时,邮递员送来了一封信。信是黎明的一个同学写来的。她告诉黎明:"最近,我见到了晓梅,她现在醒悟到距离对于爱情来说是多么微不足道。两年多来,她一直思念着你,她发现你在她心中的地位是谁也不能取代的。这几天她要出差到你所在的城市，可能会直接去找你，希望你们能和好如初……”

顿时，黎明的眼睛模糊了，眼前的兰兰恍惚变成了晓梅。他找了个借口，让兰兰独自回娘家，全然不顾此举会给他们带来什么后果。这天，兰兰提前从娘家回来，发现丈夫酩酊大醉地倒在床上，枕边搁着一封信。看了信，她无声地哭了。如果替黎明设身处地地想一想，她能理解他的懊悔和痛苦，如果当初他锲而不舍地追求，何至于造成今天的痛楚？而现在，黎明既负有对这个新家庭不可推卸的义务和责任，又对远方的晓梅怀有至死不泯的爱。那么，该诅咒晓梅吗？她可是不知道黎明的近况呀，作为女人，兰兰更能体谅晓梅的苦衷。于是，兰兰把信放回原处，替丈夫盖好被子，默默地在他身边坐了好久。

知道了丈夫的“情感隐私”后，兰兰更加温柔体贴，关心黎明，从不当面揭穿黎明的“秘密”。几天后，兰兰上完夜班刚回家，晓梅来了。兰兰热情地接待她，备好一桌丰盛的午餐招待晓梅。饭后，她又借口要去上班离开家，好让这对旧日恋人有机会好好谈谈。

望着妻子疲倦的面容，黎明的心深深地感动了，他明白妻子的一片心意。想起兰兰的离家出走而故意给他们腾出时间，晓梅的内心感动了，她真诚而又感慨地对黎明说：“你有一个多好的妻子呀，你应该知足了！”

人们都有自己不想为人知的秘密与情感。面对他人的隐私，知情人理智的做法就是保密与尊重。兰兰尊重丈夫的“情感隐私”，不但没使他们的夫妻感情破裂，反而使黎明进一步了解了她，萌发了对她真正的爱。

有一位中年男子曾说，他的婚姻中有一段永远的痛。他说：十多年前，我从郑州坐火车到深圳，一位妙龄女子正好坐在我身边。因为旅途较闷，我们不知不觉地交谈起来。我回到东莞后，她也不时打电话给我，我们一直以兄妹相称，我也真把她当成了我的小妹妹。于是我们就这样交往着，既不是一般朋友，也没有过多地超越朋友的界线。我们从来不敢越雷池半步。

但在一天晚上，妻子对我说，她读大学时有许多人追求她，而她还是觉得我最好。我被妻子的真诚所感动，又因为心中对妻子有歉意，便忍不住将我和那女孩交往的事情告诉了妻子。哪知，妻子听后脸色大变，当晚就要求我一定要约那女孩出来见面。而我也自认我与她没什么见不得人的事情,于是便把地叫了出来。当晚的情形很尴尬,那女孩泪水纷飞,委屈至极,她不知我已结婚,也不知出了什么事。而我的妻子更是咆雷闪电,要生要死的非要和我离婚。我才知道有时坦诚换来的并不是好结果,但此时为时已晚。后来,好不容易劝住了妻子,我亦信守诺言,不再与那个女孩联系。可这件事却成为我一生的把柄,任妻子随时拿出来鞭打我的灵魂,让婚姻留下了永远的痛。”

曾听过一句话:隔着距离看,朦胧便是美,距离太近了,连瑕疵都看清了就不美了。生活中又何尝不适用于夫妻之间呢?适当保持点距离,让大家不要靠得太近,这样彼此对对方都是一种利大于弊的事,何乐而不为呢?把握好彼此之间的距离,对于双方的感情都是一个促进。

编者小语

夫妻之间可不可以有个人隐私?那要看是什么样的隐私。夫妻是最亲密的生活伴侣,夫妻之间有许多共同的利益,如果隐私对共同利益会有影响甚至损害,那么,那样的隐私就是不应该有的。

夫妻相处要互让

常言说:“勺子没有不碰锅边的。”恩爱夫妻也一样,两人相处的时间长了,难免会遇到不愉快的事,夫妻间总有相互顶撞的时候。因此,夫妻之间相处,不说伤情话,多说些默契语很重要。但有时爱人说得太过分了,又该如何合理地对付呢?

第一种办法是暂时不去理会对方的辱骂,而说:“我想我们现在心情都不太好,能不能选个日子再谈?明天晚上怎么样?”

第二种办法是不承认辱骂,而说:“你这样讲,确实让我感到伤心。”

第三种办法是接受辱骂背后事情的核心,说:“也许你应该这样骂我,很抱歉让你不高兴。”

总之,婚姻的基础是爱情,爱情是万般呵护下发展起来的。如果不想让神圣的婚姻毁于一旦,就千万别说伤感情的话。

不要说伤害双方感情的话

(1)阴阳话

有的人喜欢对自己的爱人阴一句、阳一句,含沙射影,冷嘲热讽。你做家务,对方会说:“哎,今天太阳从西边出来了。这可是高射炮打蚊子——大材小用了!”你读书,对方会说:“噢,我们家可出人才了,有道是‘知识就是财富’,我们家可要发财了。”你帮人打个报告,写个申请什么的,对方故意对读小学三年级的孩子嚷道:“哈哈,你真行啊,这字写得不错嘛,这文章写得也好啊，怪不得人家欣赏你呢！”你参加舞会，对方会说：“今天你这般意气风发，肯定会是舞会上最风光的人，有收获吗？啥时候带过来让我一饱眼福！”

说阴阳话，一般是对对方有不满、怨愤的情绪。但一句使人愤怒的话会令对方感到极其不舒服，影响夫妻感情。

(2)揭短话

在夫妻吵架时，有些人什么话解气就说什么，甚至揭对方的短处。这是最犯忌讳的。俗语说“骂人别揭短，打人别抓脸”。抓住别人的短处大骂一顿，一时觉得痛快，但容易伤感情。特别是夫妻间揭短，最令人寒心。

如今时代是竞争的时代，夫妻双方都要走出家门，寻找机会，谋求发展。而用于维护婚姻的精力和时间却越来越少。因此，夫妻的交流谈心越来越显得重要。

多说默契的话语

有些夫妻觉得没话可说，这与谈话的范围过窄、内容过少有直接的关系。实际上，夫妻之间要说的话很多，特别是夫妻之间需要常谈和愿意倾听的话题还是不少的。

(1)甜蜜的“废话”

人与人的交谈中总带有一些“废话”：陌生人见面有礼节性的客套；客人见面要寒暄一番；批判性的话常常用委婉的说法表达出来……这些看来无关紧要的“废话”却是人际关系中不可缺少的工具。

妻子刚回到家，丈夫劈头就问：“怎么这么晚才回来？”而妻子也许遇到了不顺心的事，已经是急匆匆地赶回家来的，一听这话会很伤心。

丈夫的话是没有什么不对，他要了解一下妻子晚回来的原因，其中包含着关心的意思，要是给这些话加上点无关紧要的“废话”，效果会更好。

丈夫说：“老婆，你回来了！今天好像晚了点……”他这样一问，妻子就会说明晚归的原因了。

在谈恋爱时，人们很注意自己的语言表达，说话总是“想着讲”，生怕自己的话讲得不得体使对方不愉快。可结婚后却觉得既然已成夫妻，再说那些火热的话似乎有点不好意思。于是，夫妻间事务性的“正经话”越来越多，含情脉脉的“废话”则越来越少。这样一来，原先爱情的甜蜜，便让位给了不愉快的争吵，家庭的矛盾、婚姻的裂缝自然也就产生了。如果不及时调整、修正，婚姻就会向更坏的方向发展，直至离婚。

(2)善意的谎言

夫妻既然是一家人，就不应该有所隐瞒。但在某种情况下，必须“说谎”，否则会给爱人带来不悦，弄不好也会使爱情之花凋零。不过这种“谎言”应该是善意的，并且对加深两人感情有利。

一次，小张到广州出差时，与几位同事去逛商场，本想为妻子阿春买一份珍贵的礼物，但苦于囊中羞涩，只好买了一条丝巾。回来后，小张对阿春说：“亲爱的，我想春天到了，女孩子正该用丝巾，这条乳白色丝巾配任何颜色的羊毛衫都好看，而且衬着你的白里透红的脸，一定美极了。”阿春接过丝巾围在脖子上往镜子前一站：“哇，真好看，我就喜欢乳白色。你真好，出差还记着我！怎么奖励你呢，给你做顿好吃的吧！”

小张的谎言掩饰了自己在万不得已的情况下才买一条丝巾的事实，描绘得情真意切，达到了礼轻情义重的好效果。善意的谎言要用在恰当的事情上，才能起到良好作用，否则适得其反。

编者小语

很多的夫妻由于未能很好地沟通，而导致婚姻破裂。有些该说的话没有说，有些不该说的话说了，有些话说得不合时宜，有些话说得语气不对……总之，夫妻之间的对话对双方的感情起着非常重要的作用。学会说话，善于说话，适时地跟爱人耍点“小聪明”，可以说是幸福婚姻的快乐法宝。

夫妻之间不要干涉对方工作

夫妻之间,应该互相支持,互相帮助,互相理解,而不应该干涉对方的自由,特别是对方的工作。然而在生活中,有些夫妻却没有掌握这一条法则。

有一个女人,强迫她丈夫放弃了钟爱的工作,因为她没有办法忍受丈夫在晚上做事。这位丈夫是一个著名管弦乐团的演奏家,一般工作都是在晚上进行他很喜爱自己的工作。他们组织举办的音乐会,场面很大而且也有很高的薪水。但是他的太太一直不能适应他的工作时间。最后,她说服自己的丈夫,放弃乐团的职位,换了个推销家庭用品的工作。他做的是完全不适合自己的工作,赚的钱也少,他不满足,不但他成功的机会减少了,而且这对夫妻婚姻幸福的机会也变得非常微弱。

在不寻常的时间工作的男人,或是工作上有特别需要的男人,都更加需要一个能够适应他的妻子;反之,也是如此。当有一方过分干涉对方时,夫妻关系肯定会产生裂痕。

一家小公司里请了一位经理。他很聪敏,看来很适合这个职位,令人迷惑的是,他接任新工作以后,他的妻子竟然一直干预他。每天早上,她都和她先生一起到办公室,记下她先生的话,交到外头给打字小姐,而且又要变更她先生的整个工作系统。办公室的工作情绪被破坏了。有一位女孩子辞职,其余的人也都在观望着时机的变化。在这位新经理到任的整整三个礼拜以后,他就被叫到总经理那里,上司礼貌而肯定地告诉他,不能再留他了。

妻子的干预,即使有着最好的动机,也都是一件危险的事——这比大多数人所知道的事实都更加严重。

最近公司里一位最受器重的经理在工作多年以后被迫辞职了，因为他的妻子坚持要干预他的业务。暗中监视和他有接触的所有女顾客。她对自己丈夫的女秘书恶言恶语,尤其对那些年轻又漂亮的。随时利用机会提醒她,她只是佣人而已。她每天多次打电话给丈夫,告诉他,自己的家事所碰到的麻烦，问他中午和谁一起吃饭，不要忘了开给他一大堆东西的单子,要他在回家的路上买回来。不断地提醒他,他应该如何改善工作,如何增加销售以及如何奉承自己的上司。她的丈夫烦不胜烦,但是又没有办法控制她暗中的活动,只好做了他所能做的唯一的事,他辞掉了他相当引以为荣的工作。

“我相信,”这位经理说,“有两件最重要的事情,可以使妻子帮助丈夫事业的成功,第一件是爱他,第二件是让他独自闯。一个可爱的妻子,将会带给她的丈夫愉快和舒服的家庭生活。而如果她聪明得能够让自己的丈夫不受干扰地处理业务，他的丈夫就一定能发挥出全部的能力取得成功了,至少训练也会使他有成就。”

这个不干扰的政策，可以直接应用于妻子和丈夫的工作关系以及妻子和丈夫业务伙伴的关系。

不要太干涉对方的选择,即使是夫妻,个人的工作状态只有自己知道,你认为好的未必适合对方。

从容越过婆媳关系这道坎

在中国人的人际冲突中，上千年来一个经久不衰的话题："老妈和老婆一起掉进水里时,你先救谁？"至今还没有一个中国男人做这道题时得过一百分。

在人际交织的网络空间中,婆媳关系应当是一种最为奇特的构成了。因为婆媳之间，既没有挣脱不掉的血缘维系，又没有浓醇似酒的感情联结,所以它更像是一种被强行捆绑在一起的亲情,多少会带着一种被动与必须。

据说有一位立志要解决婆媳难题的中国心理学专家,他找到了一对积怨很深,已无法坐到一起的婆媳,分别对她们进行了访谈。他先让婆婆谈媳妇。婆婆声泪俱下,痛斥媳妇的种种不是,每件事都有头有尾。心理学专家听了不由地对老婆婆说,嗯,看来你的媳妇真是恶到极点,换成任何一个老太也不会忍受的。于是,心理学专家又去找媳妇,哪知媳妇义愤填膺地说起婆婆的种种刁难，每一种都说得有声有色。心理学专家听了又不由地对媳妇说,哦,原来你的婆婆真是太凶了,换成我也早就会跟她造反了。

婆媳和谐为何这样难

从生理角度看,婆媳同属女性,缺乏产生"异性相吸"的原动力,相反,又多了一条"同性相斥"。加之彼此间没有直接血缘瓜葛,建立亲密的婆媳关系显然先天条件不足。婆媳所以同入一室，仅仅因为中间有一个男人作维系。这个男人，对婆婆来说，他是其子，母子连心，自然是骨肉难分；对儿媳来说，他是其夫，鸳鸯相和，当然难舍难分。正是这个男人，使原本素昧平生，连一般朋友都谈不上的婆娘联系在一起。婆婆要与儿媳相处，仅仅因为她是儿子的媳妇；儿媳要与婆婆相处，不过因为她是丈夫的母亲。如此，婆婆自觉不自觉地视儿媳为“外人”，儿媳意识中，婆婆与亲生母亲也是不可同日而语，因而，婆媳矛盾是在所难免。

从心理角度看，婆媳竞争也是导致彼此关系紧张的重要因素。婆媳双方以各自不同的身份——母亲和妻子同时爱着同一个男人。如此以来，必然产生竞争——母子之爱同夫妻之爱的竞争。作为母亲，儿子娶妻之后，既有满足感又有失落感。若失落感日渐膨胀并占据主导，儿子最终还是要娶了媳妇忘了娘。即便是儿子一如既往，竞争的压力仍会使母亲的心理失衡，为乏麻大的事和儿子斤斤计较，儿媳的心里也会不轻松，同样满足感与失落感交加，尤其是失落感会时时作梗。她会觉得丈夫不像婚前那样对自己呵护备至。婆媳双方这种失落感，最后清算的结果，彼此当然把责任归咎于对方。于是，有点风吹草动，就会干戈顿起。

婆媳相处，要注意这些禁区

婆媳相处是有禁区的，走错了步，迈错了门，就有可能栽跟头，不是摔着婆婆就是磕着媳妇。

不要过分挑剔：婆媳间理应多一份宽容，过于强调自己，就难免忽略对方，时间久了婆媳间关系就紧张，如绷紧的绳、晒干的草一碰就断，一点就着。

不要太自私：媳妇对婆婆要赡养，婆婆对媳妇要爱护。如果媳妇老想瘦了婆婆肥自己，那婆婆有再好的脾气也难抵过媳妇的私欲。婆婆也不能净想着自己，吃了拿了毫不客气，时间一长也会惹怒媳妇。

不要制造夹板气：儿子是婆媳间的润滑剂，婆媳少将矛头对准儿子，才能既劝了婆婆又哄了媳妇。如果儿子受了夹板气，婆婆那里不敢讲，媳妇那里又不敢提,来来去去一鼻子灰婆媳就免不了越隔越离。

快乐婆媳相处5招

社会学家根据长期调查研究发现,50%的夫妻因婆媳关系无法调和而长期冷战甚至分居。可以说,在影响婚姻家庭及家庭和睦的诸多因素里,婆媳关系仅次于婚外恋,被人们称为严重影响婚姻关系和质量的“恶性肿瘤”。那么,婆媳相处有没有什么诀窍呢?

第一招亲情融融

如果爱人是一个比较情绪化的人话说不好听了很容易发火，对父母也是如此时,媳妇应该永远站在婆婆一边。因为,当儿子把媳妇娶进门后,不少婆婆怕儿子“娶了媳妇忘了娘”,怕儿子在媳妇面前“受气”,怕家里大权被媳妇独揽等很容易把媳妇当成“编外人员”。当爱人与他父母生气时,媳妇应表现出比她们儿子还向着老人，做到任何无伤大雅的问题都是婆婆有理,尽量营造亲近、融洽的气氛,使她感觉到你是他们中的一员。

第二招替老公“示爱”

一般男人,要么很粗心,要么笨嘴笨舌。因此在生活中,经常巧妙地转达爱人对他妈妈的爱意尤其重要。例如,婆婆经常忆苦,讲养育儿子的不容易,儿媳陪婆婆思甜,她的儿子是多么争气、孝顺。将心比心,婆婆对儿媳自然是很好的。

第三招学会倾听

一般上了年纪的人都喜欢唠叨、怀旧，这容易造成婆媳不和产生矛盾。遇到这种情况,儿媳要很安静地坐到婆婆身边,让她倾诉,并且时不时地附和几声。其实老人家并不想听到你有什么意见，她只是需要一个听众。所以安静地听她说话就可以了。

第四招不要过于敏感

两代人同住,几个人之间免不了拌几句嘴说些气话。这个时候无论哪个角色都不要多疑,认为争执必定因你而起,最好的办法是离开现场。作为老人对儿女的婚姻或对孙辈的教养问题过度干涉,不但没有助益,反而会使问题更加恶化。

第五招常存感恩与爱心

作为婆婆,不要认为媳妇把儿子夺走了。相反地,要谢谢媳妇让儿子结束了漂泊不定的单身生涯,照顾儿子的生活,而且不辞辛苦生儿育女。常在儿子面前赞扬媳妇话传到她耳朵里,媳妇一定会对你多一份敬重。

编者小语

常言道:家家有本难念的经,其中一本就叫“婆媳经”。在家庭中,两代人之间的矛盾和冲突,最明显和最常见的是出现在婆媳关系上。婆媳不合是使不少人提起就摇头叹息的问题。怎样念好这本“难念的经”,使得婆媳和睦呢?这是一个考验。

和自家孩子交朋友

如果你问我“现在的孩子最缺少的是什么”？我会回答“知心朋友”。如果你问我“现在的孩子最需要的是什么”？我还是回答“知心朋友”。这一代孩子都是独生子女，他们需要朋友的愿望比我们要强烈，要迫切，就让爸爸妈妈先做孩子的朋友吧！

对一些做父母的来说，最担心的就是孩子不听自己的话，而当孩子真是这样做了时，他们不是先自我反省，找出自身有什么不对的地方，而是一味责备孩子，甚至恐吓。其实这一切都无济于事，只会越来越拉开自己与孩子之间的距离。

近段时间，刘先生和女儿小玉的关系是越闹越僵。小玉一直是一个很乖巧、很快乐的女孩，但是到了十几岁却变得越来越不合作，有的时候甚至喜欢与刘先生争辩。刘先生曾经教训过她，恐吓过她，还处罚过她，但是这一切都收不到效果。

一天，刘先生对一个朋友说：“小玉不听我的话，家里事情还没有做完就跑出去了。在她回来的时候我当然要对她大吼一番，但是我现在已经没有发脾气的力气了。于是我们俩坐下来进行了一次心平气和地沟通。小玉看出我的用心，就开始敞开心胸和我聊起来，开始还有点吞吞吐吐，后来就毫无保留地说出了一切情形。我之前从来没有听过她要说的话，我总是告诉她该做这该做那。当她要把她的想法、感觉、看法告诉我的时候，我总是打断地的话，反而给她更多的命令。我开始认识到她需要的不是一个忙碌的父亲，而是一个密友，让她把成长所带给她的苦闷和混乱发泄出来。过去我应该听的时候，却只是讲，我从来就没有认真地听过她所说的话。从那次以后，我让她尽量地说，让她把她心里的事都告诉我。从此，我们之间的关系大为改善，她再次成为一个很懂事的孩子。”

把自己的孩子当成朋友，当成一个完整的独立的人，是教育孩子的需要，更是全面提高他们素质的需要，会让孩子从小得到一种被尊重的内心感受，让他们从小在一种和谐的、平等的生活氛围中自我成长。

和孩子作朋友，想说没问题不容易：

多和孩子商量

家长不能以势压人，遇事要和孩子商量，特别是孩子的正当要求，应给予特别的重视和支持，尤其是当孩子为家庭生活提出合理化建议时，应给予精神上的鼓励；当孩子做错了一些什么事，不能严厉批评，而应从爱护的角度出发，帮助孩子分析做事的动机是什么，效果怎样，如果是想做好事，没有做好，对孩子的好想法一定要给予表扬，以保护孩子的积极性，然后分析为什么没有做好，是准备工作不充分，还是没有估计到可能发生的问题？这样的谈话孩子不会反感，不会对家长有抵触心理，今后他有什么事也会主动和您这位大朋友商量。

多和孩子接触

家长们都很忙，但是再忙也应抽出时间来多和孩子接触。小学高年级的孩子也需要家长的爱抚：家长每天最好抽出十几分钟或半个小时作为和孩子谈话和接触的时间。这不但是教育的需要，也是孩子这个年龄的心理需要只要坚持一段时间，家长与孩子的朋友关系就会很密切。

认真对待孩子的问题

在和孩子一起时，不要以为孩子什么都不懂而跟他们乱说一气，如果你没有什么好说就不要说。因为孩子有他们的理解力，他们会反驳你，而使你难以招架；还有在和几个孩子一起时，不要偏袒谁，因为孩子也有嫉妒心理。同时不要取笑孩子，对孩子太粗鲁会伤害他们稚嫩的心灵，这样会使你和孩子间的距离越来越大。

作为父母，恐怕很少有人把自己和孩子放到同一个层面上来。通常来说，我们只是把孩子当作受教育的对象，我们想当然地给孩子灌输成人世俗的思想，让孩子接受成人眼中的世界，以过来人的语气教育孩子。我们从来没想过，孩子也是一个独立的个体，他们有独立的人格，有自己的思维，有自己的想法，虽然可能幼稚，可能不成熟，但那是他们通过自己的双眼对这个世界的感知而总结出来的，我们有什么权利去扼杀它呢？

第十章

同事交往方圆有道

同事之间要保持距离

有句老话说得好,距离可以产生美。职场上同事之间相处更应注意,在办公室里与同事相处,太远了当然不好,人家会认为你不合群、孤僻、不易交往;太近了也不好,容易让别人说闲话,而且也容易令上司误解,认定你是在搞小圈子。所以说,若即若离的同事关系,才是最难得也是最理想的状态。

在职场上常常听到这样一句话:“好朋友最好不要在工作上合作。”这就话说得也不无道理。但大家都是在外面谋求发展,聚在一起工作并不奇怪。如果某天,公司来了一位新同事,他不是别人,正是你的好友,而且会成为你的搭档。上司将他交托与你,你首先要做的便是向他介绍公司的架构、分工和其他制度。如果在接待他时你战战兢兢,未免太敏感了;不如放轻松点,就当他是普通的同事吧。

在一次业务会上,小金对一个项目提出了自己的方案,没想到紧接着,好朋友小高也提出了另外一种方案,恰好和他的意见相左。经过一番争论之后,大家认可了小金的方案。会后,小金明显觉得小高对他的态度有所冷淡。之后,在许多事情上,小金都能觉察出小高和自己好似在暗中较劲,以前亲密无间的朋友关系也出现了裂痕。

当仅仅是朋友时,争论一两句不会成为两人关系的障碍,然而同事的争论,却关系到上司的看法,个人能力优劣的比较等等,往往会成为双方关系的致命伤。

总之，与朋友同事时要做到公私分明。记着，在公司里，他是你的搭档，你俩必须忠诚合作才可以创造良好的工作效果。假如他是新人，许多地方是需要你提醒的，这时你就是扮演老师的角色，当然切记不能颐指气使，更不应倚老卖老引朋友反感。

私底下，你俩十分了解对方，也很关心对方，但这些表现最好在下班后再表达，可以和往常一样，一起去逛街、闲谈、买东西、打球，完全没有分别。只是，奉劝你一句，闲暇时，以少提公事为妙，难道你一天八小时工作还不够吗？

矛盾通常是人与人在日常交往中形成的，这是产生矛盾的根源。只有互不往来的人才有可能没有矛盾。事实上，你与同事交往越密切越容易出现意见不合的情况，那么就越有可能产生矛盾。与同事过度亲近会碰到很多繁琐的生活小节，而自己总会有做得不够圆满的地方。要知道对于一个人的优点别人也许不会太过留意，对于别人的缺点却印象深刻，因而你一旦有做得不够完美的地方，只会容易让你的同事厌倦。另外，每一个人都不是圣人，都有弱点，有能力不足的时候，在你与同事频繁的接触中，你性格上的弱点和能力的不足也早就被同事摸透。对同事来说，你就像一张透明的底片，一览无余地暴露在他的眼皮之下。所以，在与同事交往过程中，要保持一定的距离，该方则方，该圆则圆。

现在许多公司都有欢迎新同事和欢送旧同事的习惯，身在其间的你，应否热烈支持这些行动？

举行欢迎会的目的是联络感情，欢送会则表示合作愉快或感谢过去的帮忙。所以，前者你没必要一定出席，除非你的工作岗位是公关或人事部。至于后者，就比较复杂，你得认真衡量一下。如果是毫无交情的，可以不必参加聚会，但送一张慰问卡是必要的，那是礼貌，也表示对他的关心，何况他日你们或许还有机会共事。要是常常接触的，但交情普通，则在公在私也该出席聚会，显示你确实欣赏和不舍得对方，分手时，最好表示你的祝福。若对方是你的助手或更亲密的搭档，最理想的是既参加大伙儿的聚会，又私下请对方吃一顿午饭，或是送一点纪念品，以表示你的感谢和友情。

假如你平时一直都努力不懈地工作,在短短的几年间,步步高升,事业一帆风顺,几位跟你一同起步的同事,限于能力和机遇,至今仍保持多年前的原状。这时如果处理不好与他们的关系,工作中就可能出现不合作的事情。所以,作为被提升者的你,尤其要注意这种特殊时期的“上下级”关系。

首先,不能摆架子。被提升前毕竟曾与同事们一起玩,一起就餐,一起谈天说地,所以被提升后不能显出高人一等的样子。在工作中尽量用商议的口气,如“你看,这样办是不是更好”,生活中尽可能嘘寒问暖。这样做同事们不但不会因此“小看”你,而且,会产生佩服之情,心甘情愿地让你领导。只有这样,你的工作才能在他们的支持下顺利进行。

其次,不搞暗箱操作。当与同事们意见不一致,不能达成共识时,也要摒弃那种背后“嘀咕”的不明智做法,可以把引起争议的敏感问题巧妙地让大家讨论, 看看同事的结论与自己的意见究竟不同在哪个环节上,让同事们产生“大家参与,备受重视”的感觉,再努力诱导同事们自己决定的事情。

第三,荣誉要让给同事,过失自己来扛。工作中一旦有了成绩,要懂得利益共享的原则。虽然上级领导会把功劳归结到你“领导有方”上面,但真正实干苦干的则是下属。所以,在分配奖金、住房、提薪等问题上,要与对工作的贡献挂钩,让你的部下感到乐意在你这里“当兵”。当工作遇到问题时,做领导的就应该主动担当。这样,同事们的积极性才能被充分调动起来,才不会产生对你的“不满”。见荣誉让,见问题上,你自然就会得到昔日同事们的拥戴和赞扬。

你应当学会体谅别人。不论职位高低,每个人都有自己的工作范围和责任,所以在权力上,切莫喧宾夺主。不过记着永远不说“这不是我分内事”这类的话,过于泾渭分明,只会搞坏同事间的关系。在筹备一个任务前,谦虚地问领导“我们希望得到些什么”,“要任务顺利完成,我们应该在现有条件下做些什么”等等。

还有就是永远不要在背后说人长短。比较小气和好奇心重的人,聚在一起就难免说东家长西家短,成熟的你切忌加入。偶尔批评或调笑一些公司以外的人，倒是无伤大雅，但对同事的弱点或私事，保持缄默才是聪明的做法。记住，搞小圈子，有害无益。公私分明亦是重要的一点。同事众多，总有一两个跟你特别投机，私底下成了好朋友也说不定。但无论你职位比他高或低，都不能因为要好这原因偏袒或恃势。一个公私不分的人，是做不了大事的，更何况，无论是谁都不会喜欢这类人，因为他们不值得去信赖。

人之所以能够从世间的万事万物中感受到和谐之美，全在于他与别人之间保持适当的距离。而与同事交往更应注意保持心理上的安全距离。只有和同事们保持合适距离，才能成为一个真正受欢迎的人。

只有与同事保持恰当的距离，一段若有若无的距离，你们之间的关系才能永葆和谐。只有和同事们保持合适距离，才能成为一个真正受欢迎的人。

对待同事要一视同仁

办公室里的人际关系，基本都是在工作中逐渐建立起来的，主要是指工作上的人际关系。你、我、他都是一种平等的工作关系。在职场上，同事之间更应该具备一种平等意识。彼此间的基本关系既然是平等的工作关系、共事关系，从根本上就没有谁高谁低的道理。这种平等意识与能力大小、业绩好坏没关系。你的同事在工作上无论比你干得好还是差，他与你依然是平等的，甚至包括上下级都是平等的。处理同事关系最基本的出发点就是平等地对待每一个人。

在社会交往中，也许会由于每个人自身的能力和机遇不同，导致有的同事获得领导的青睐，而有的同事则是默默无闻。在与同事相处的时候，不要因为某些同事暂时的得势而鞍前马后，阿谀奉承，也不要因为同事受到排挤而随之冷落。平等相待不仅仅是做人的一种标准，同样也为自己与同事友好相处设下一些铺垫。

奋斗在城市中多年的小刘终于拥有了自己的住房，于是小刘热情地邀请了自己的顶头上司到家里做客，庆祝自己乔迁之喜。她的几位同事和朋友也早就说过一定要去她家好好闹一闹，于是，她顺便也叫上了几位同事。

入席时，小刘就把上司推上了最好的位置，靠近空调，椅子也很舒适。

“你们几个不要客气，随便坐，我就不和你们客气了……”小刘开始张罗着给上司倒酒，同事们不声不响地落座了。

小刘把酒菜摆满了整个桌子，不停地向上司介绍菜名和特色。吃到一半，小刘又陆续把一盘盘热气蒸腾的菜肴端上来。她把上司面前半空的莱盘放在同事面前，把热菜放在上司面前。

接着，小刘又起身向上司敬酒，说些感谢关心、谢谢培养之类的话。

几个同事根本就没有机会向主人表示自己的祝福，也没有机会和上司说话。酒过三巡，似乎小刘眼里只有上司一个人，其他人都是不存在的。同事一个个难忍心中的不满，宴席还没有结束，就以“对不起，我们家里还有事”等为由陆续告辞了。

小刘的这种待客方式当然令人生厌，让人感到主人的俗不可耐和势利。不然，为什么唯独对上司态度如此热诚谦恭，服务如此周到，对一般来客又那样平淡和随便呢?这种家宴不仅不能增进主客之间的友谊和深入了解，相反还会在人与人之间造成种种人为隔阂。那些愤然离席的客人，实际上就是用无声的语言表示对小刘的不满。

更多的时候，你面对的不是一个人而是一群人，你要处理的不是简单的“我和你”的关系。在这个许多人事掺杂其中的多角关系中，要真正做到不偏不倚，一视同仁，才不至于得罪他人。

“二人向隅，举座不饮”，这是古话，描述的情形在现实生活中却常常出现。这种现象往往是因为有人招呼不周，厚此薄彼，在有意无意间将一群平等的人划分了等级。

在办公室里，无论是什么样的同事，你都应平等对待，互学互助，建立起和谐的工作关系。

那些比你先来的同事，相对来说会积累更多的经验，有机会不妨聆听他们的见解，从他们的成败得失里寻找值得借鉴的地方，这样不仅可以帮助你少走弯路，也会让他们感到你的尊重。尤其是对那些资历比你长，但其他方面比你弱一些的同事，更要以诚相待。有些人能力强，可在单位里自视清高，不买那些老同志的账，弄得老同志很反感，结果关键时候会因此受挫，这不能不引起你的重视。

新的同事对手头的工作还不熟悉，当然很想得到大家的指点，但是心有怯意，不好意思向人请教，这时，你最好主动去关心帮助他们。在他们需要得到帮助之时，伸出援助之手，往往会让他们铭记终生，打心眼里深深地感激你，并且会在今后的工作中更主动地配合和帮助你。切不可自以为是，不把新同事放在眼里，在工作中不尊重他们的意见，甚至叱责，这些态度都会伤害对方，也会降低你在别人眼中的印象。

下面为大家总结了六点建议：

1.与同事相处的第一步便是平等。不管你是职高一等的老手还是新近入行的新手，都应绝对弃绝不平等的关系，心存自大或心存自卑都是同事间相处的大忌。

2. 和谐的同事关系对你的工作很重要。不妨将同事看作工作上的伴侣、生活中的朋友，千万别在办公室中板着一张脸，让人们觉得你自命清高，不屑于和大家共处。

3.面对共同的工作，尤其是遇到晋升、加薪等问题时，同事间的关系就会变得尤为脆弱。此时，你应该抛开杂念，专心投入工作中，不要手段，不玩技巧，与同事公平竞争。

4.当你苦于难以和上司及同事相处时，殊不知你的上司或同事可能也正在为此焦虑不堪。相处中你要学会真诚待人，遇到问题时一定要先站在别人的立场上为对方想一想，这样一来，可以将你一颗怨恨的心，变得平和，心里的气自会消去。

5.世间会有君子就一定会有小人，所以我们所说的真诚并不等于完全无所保留，和盘托出。尤其是对于你并不十分了解的同事，最好还是有所保留，切勿把自己所有的私生活都告诉对方。

6.我觉得同事间相处的最高境界是永远把别人当作好人，但要永远得记住每个人都不可能像你想象得那么好。

编者小语

职场上有句话叫“等距外交”，告诉我们在与人交往时不能与一部分人或个别人过分亲密，过分疏远另一方。在工作问题上，应该是一律公平，工作上一样支持，一样看待。不要戴着“有色眼镜”看人，不能因人而异，“看菜下饭”。

正确处理办公室恋情

办公室恋情作为一个敏感的话题,支持者与反对者意见各异。然而在工作日益繁忙的现代社会,办公室白领天天加班,根本就没有足够的时间去发展公司外的爱情,越来越多的人将目光瞄向了与自己一同工作的同事。

有人说,办公室恋情不就是男女同事日久生情,进而恋爱甚至结婚嘛!事实上,非身历其境者很难想象,多数成功的办公室恋情,其过程之保密警觉、攻防有术及公布时的震撼效果,不亚于一次部署严谨的军事演习。

一般来说,办公室恋情在许多公司都不是很受欢迎。但是办公室的恋情一旦无可避免地必须发生时。你会如何适当地处理呢?首先,你必须了解公司如何看待办公室恋情。大部分的公司倾向消极地阻止,但如果你们双方或有一人是公司不愿意损失的优秀人才时,公司会希望当事人能有专业的自治能力。

所以,面对办公室恋情应采取“阶段式”,即由隐秘到公开的方式,不论对恋情当事人或公司,都是利多于弊。

因为恋爱本是私事,与工作无关。急于公开,并不会使别人对你的工作能力另眼相看;反而造成许多相识、相熟的人,每天盯着你们看。而同事不见得都怀好意,万一有些多嘴的人,不时讥讽打趣,一对好鸳鸯可能被拆散。

而且,没成熟就公开的办公室恋情,对脸皮较薄的女方较不公平,万一不成功,男方还可不管风言风语,女方则肯定是受害者。

“办公室是工作的严肃场所,不是恋爱的浪漫天堂”,办公室恋情当事人要谨记上述原则。尤其当你们的恋情被经理或主管知道后,他们会有两个“关切”的出发点:一是乐观其成,一是注意当事人会不会因恋爱影响工作效率。

这也是恋情太早公开的坏处,往往工作上的常态失误,易被上级或同事冤枉成“忙着谈恋爱才犯错”。

某公司的业务员小周去年年终奖金减半, 原因是最后一季销售业绩衰退。他无奈地说,其实老板也知道行业不景气,坏就坏在当时他公开猛追一位女同事,当老板问“自己检讨有没有认真工作”时,他只有认栽了。

还有一种情况,办公室恋情成熟时,有时会发生女方不愿公开或男方不肯公开的情形。

女方的原因多半是虽然相爱,但未到论及婚嫁的地步,也就是在没决定“订婚”或“结婚”前,仍应保留。

男方对女友这种顾虑应该谅解,并耐心等她调适心理;而女方也应了解感情成熟后,男友希望向同事公开,是为表达“认定你”的心意。

男方不愿公开恋情的原因,大致有三种:

①男方对这份感情并不认真,他心目中另有心仪女子;

②他谈这段恋爱,出发点不是喜欢她,而是为了工作上的好处或业务上的便利;

③男方认为公开恋情,对他在公司的形象和升迁,可能有不良影响。

因此,办公室恋情成熟时,双方对公不公开的态度,往往就是检视恋情问题或矛盾的试金石。如果一方勉强,应找出根由,解决后再说。

不管是恋情早早曝光或成熟后公开,男女主角在办公室的言行举止,最好要比一般同事更端正、更常态。同事起哄时,尽量不动声色,礼貌应对一下也可。如果忍不住想“打情骂俏”,最好有把握不让同事听到或看到。因为,恋人的快乐,可能是别人眼中的肉麻,何况,办公室是工作的严肃场所,不是吗?

公开或未公开的办公室恋情失败,都不足以构成辞职的理由,所以恋情失败者应该冷静思考,权衡利弊。

保险公司业务员宋小姐曾经因办会室男友移情别恋而萌生去职之意,后来在一本杂志看到“张曼玉情书被男友公开,仍勇于面对大众”的报道,猛然醒悟:如为了一段失败恋情而扼杀掉事业前途,只表示她是不成熟女性,一味逃避问题而已。

王小姐曾在闹得沸沸扬扬的办公室恋情无望后,灰心难过,但她很快从工作中找回自信。她承认,最难的是在办公室面对他时,还得强迫自己调整回“同事”的过程。她也醒悟,接下难度较高的工作,让自己更专心,确实是最好的感情康复法。

这些都只是探讨一些正常情况下的恋情,其实是办公室之中,还存在着许多非理性的东西。比如,一直以来,人们往往津津乐道于男女同事之间的秘闻,作家更是以男女同事在推开办公室门的一刹那的情节来给乏味的生活增添些许色彩。

是的,一男一女在一间仅仅放得进两台办公桌的室里,假如说两个人能够建立某种亲善的关系,这本身往往就有些喜剧的色彩。

但是,许多聪明的白领会发现办公室里的恋情并不是儿戏,在暧昧关系中女人往往要比男人丧失更多的东西。比如,男职工在公司里有着稳固的地位,就算是出了什么事情,也会有保护的屏障,很少有公司会因为生活上的不检点而解雇一位资深的高级职员。女职员位置却似乎没有这么安稳,这种同事间的暧昧关系往往会使她丢了饭碗。就算她获得了公司的提拔,也少不了遭受人们的流言蜚语,说她的升职是通过非正常途径。

如果职业女性不想遭受这样的诋毁,为什么不避而远之呢?事实上,她们往往不能一眼识破什么样的眨眼是暗送秋波而不是漫不经心,男人邀请你去吃饭是不是安全。有的时候,她们识破了男人的意图,却不知该如何应付。还有就是,有时女人认为自己是在向男人表现友好的行为,男人却把这种行为看作一种暗示。

许多人从小所受到的教育就使她们懂得了如何行事方能赢得对方的称赞,但是她们的这些行为却被对方理解为信号。假如一个男人认为这是绿灯的信号而采取行动被女人拒绝的话,他肯定会火冒三丈,认为他有权报复。

随着职业大军的逐步壮大,两性都有必要使他们给出的信号清晰无误。就算是在最有利的情况下,办公室里的浪漫史也往往是错综复杂的,痛苦的,在许多情况下是得不偿失的。但是假如有些事情你能做得理智一些,那么你的处境也不会很糟。

办公室恋情在许多公司都不是很受欢迎。爱情会让人做白日梦,无形中浪费光阴,所以面对办公室恋情一定要慎重。

拥抱你的竞争对手

行走在职场中，难免会有一些磕磕碰碰，难免会碰到令自己不愉快的人。虽然可以发泄一番，但往往会因此得罪人，无意间为自己树敌。要想做一个社交高手，就应该学会拥抱你的对手。

排斥对手在同事交往中没有一点好处，弄得不好还会导致两败俱伤。相反，如果抱着欣赏对手的心态，则可能赢得人心。人与人之间肯用真心交流，就会增进了解，消除隔阂。使他人变成你的朋友，把对手当成自己前进的动力，这样更有利于自己的成功。

不肯欣赏对手的人，实在是很不幸的。在正常条件下，欣赏对手能发挥极大效果，会给你带来幸福、友谊，乃至成功。

当你树立了一个对手的时候，得到的将不只是一个对手，你在精神上所受到的威胁将十倍百倍于他实际上给你的威胁。

当你用高尚的人格感动了一个对手使他成为你的朋友的时候，得到的也将不只是十个朋友，你在精神上所感受的欢乐和轻松也将十倍百倍于他实际上所给你的。

首先来看看一个人“报仇”所需要的投资。

精神的投资。每天计划“报仇”这种事，需要花费无数精力，想到切齿处，情绪心神的剧烈波动，很有可能影响身体健康。

财力的投资。有人为了“报仇”而投入了一辈子的事业，大有“玉石俱焚”的味道，就算不放下一辈子的事业，也得花费不少的财力作报仇的部署。

时间的投资。有些“仇”不是说报就能报,三年、五年、八年、十年,甚至二十年、四十年都可能报不成,就算仇报了,自己也已经鬓发斑白。

一个成熟的、有智慧的人懂得掂量轻重,知道什么事对他有意义、有价值,“报仇”这件事尽管可消“心头之恨”,但“心头之恨”消了,却极有可能迷失了自己,所以“君子”有仇可以不报。

人和动物在有些方面是不同的,动物的所有行为都依照本性而发,属于自然的反应;但人不同,经过思索,人可以依照当时需要,做出各种不同的行为选择,例如:学会爱你的对手。

卡耐基曾讲过这样一个故事:“许多年以前的一个晚上,卡内基外出旅行时经过黄石国家公园。一位森林管理员和他们这群兴奋的游客谈起熊的故事。他说:‘有一种大灰熊也许能击倒除了水牛和另一种黑熊以外的其他动物。但是有一天晚上,管理员却发现一种小动物能够让大灰熊和它在灯光下一起进食,那就是臭鼬!大灰熊知道自己的巨掌一下就可以把这只臭鼬打昏,可是它为什么不那样做呢?因为它从经验里学到,那样做很不划算。卡内基同样也懂得这个道理。他在孩童时,曾在密苏里的农庄上抓过四条腿的臭鼬;成年之后,在纽约街头也经常碰到一些像臭鼬一样的却长着两条腿的人。从许多不幸的经验中卡内基认识到,无论招惹哪一种臭鼬,都是不划算的。’”

当我们恨自己的仇人时,实际上等于给了他们制胜的力量。这种力量可能会影响我们的睡眠、胃口、血压、健康和快乐。如果仇人们知道他们是如何令我们担心,令我们苦恼,令我们一心想报复的话,他们一定会兴高采烈地跳起舞来。我们心中的怨怼不仅无法伤害到他们,反而使我们的生活变得像地狱一般。”

其实,人虽然也属于动物,但人是高级动物,与普通动物是有很大不同的,比如人会制造和使用工具,而动物不会制造工具;动物的所有行为都依其本性而发,属于自然的反应,而人的所有行为都得经过思考;动物见了敌人或对手会发出攻击或者逃命,而人却可以根据所需作出不同的反应,甚至可以当众给对手一个拥抱!

对手的力量会让一个人发挥出巨大的潜能,创造出惊人的成绩。尤其是当对手强大到足以威胁到你的生命的时候,对手就在你身后,你一刻不努力,生活就会有万分的惊险和困难。

在你的人生中,一定会遇到各种各样的对手,你可以想象,但不必担心。因为对手就像是一把双刃剑,既可以对你造成威胁,也可能成为你进取的动力。

在现实生活中,你没有必要憎恨自己的对手。若深入思考一下,你也许会发现,真正促使你成功的、激励你昂首阔步的不是顺境和优裕,不是朋友和亲人,而是那些常常可以置你于死地的打击和挫折,甚至是死神。

在日常生活中,许多人都犯了这样一个致命的错误:总是诅咒我们的对手,或者因为自己遇到了对手而失魂落魄。这恰恰错了,你应该为自己有一个对手甚至是强大的对手而庆幸,为自己遇到的艰难境况而庆幸,因为这正是你脱颖而出的机会。

爱你的对手是件很难做到的事，因为绝大部分人看到对手都会咬牙切齿,都会有灭之而后快的冲动。即使环境不允许或没有能力消灭对方,至少也会保持一种冷漠的态度,甚至会说一些让对方不舒服的嘲讽话,可见要做到爱自己对手谈何容易。

正因为难,所以人的成就才有高低之分。也就是说,能当众拥抱对手的人,他的成就往往比不能拥抱的人要“非凡”,一些能爱自己的对手的人也就是站到了主动的地位,采取主动的人“制人而不受制于人”。采取主动,不仅仅迷惑了对方,使对方搞不明白你对他的态度,更迷惑了第三者,搞不明白你和对方到底是敌是友,甚至可能误认你们已“化敌为友”。可是,是敌是友,只有你才心知肚明,但你的主动,却使对方处于“接招”、“应战”的被动局势。如果对方不能够“爱”你,那么他将得到一个“心胸狭窄”之类的评语,两相比较,二人的分量不言自明。爱你的对手,可以在某种程度上降低对方对你的敌意,使你对对方的敌意不被恶化。换句话说,在为敌为友之间,留下了一条灰色地带,免得敌意鲜明,反而阻挡了你的去路与退路。

此外,你的行为也将使对方没有立场对你再进行任何攻击,他若不理睬你的拥抱而仍旧攻击你,那么此人必定会遭到众人谴责。最重要的是,爱你的“对手”这个行为一旦做出来，久而久之必会成为习惯，让你和别人相处时，能够大度一些，容天下人、天下物，出入无碍，进退自如，而这恰恰是成就大事业的重要本钱。

所以，竞技场上比赛开始前，比赛双方都要握手敬礼或者拥抱，比赛后也要照样再来一次，这是最常见的当众拥抱你的竞争对手的方式。

拥抱你的对手是在丰富我们人脉关系中必修的一课，也是最难的一课。跟对手拥抱，才能壮大自己的力量。感谢你的对手吧，因为正是他们使你变得伟大和杰出。

与上司"心心相印"

在职场中,除了高层领导外,每个员工都有上司,能否与上司和睦相处,在很大程度上将影响到你事业的发展。虽然你的工作完成得很好,你的业绩也不错,但你的上司却有可能不喜欢你。这是因为你只知道埋头做自己的工作,却不注意上司怎么看你。所以,不管你是什么样的职员,都要知道怎样让你的上司喜欢你,器重你,提拔你。

在人际交往中,要想赢得上司的好感,就必须时刻留意上司的兴趣、爱好,揣摩上司的意图,理解上司的心思,这样才能投其所好,"对症下药",达到自己想要的效果。然而,上司的意图不是那么容易捉摸的,身在职场的你必须下工夫掌握上司的心意,揣摩上司的心理,然后尽量迎合他,满足他的需求,甚至还能抢先一步,将上司想说而未说的话先说了,想办而未办的事先办了。自然,上司的回报也总是沉甸甸的。

对于有意成就一番事业的老板来说。用八个字概括是"思贤若渴,惜才如金"。他对有培养前途、富有创意的职员总是关爱有加,倍加赞赏。因为这样的人才难以挖掘,正所谓"千军易得,一将难求"。当你遇到这样的"明主"后,不妨尽量施展你的才华。

比如,当你有一个新的提高效益的方法,就应该在适当的时机向你的上司提出,争取得到他的支持。如果你的上司说:"各位,我们来研究一下工作流程是否可以改善一下。"严格说来,这样的话不应该由你的上司来讲,而应该由你说出。所以每过一段时间,你应该想一下,工作流程有没有改善的可能。如果这才是你所做的工作的专长,而你的上司不是,却由他提出了改善计划,想出了改善办法的话,你应该感到羞愧。

你敢说你的工作流程都很完善吗?实际上,任何一个工作流程都不是十全十美的,都有一定的瑕疵,都有改善的可能。最糟糕的是大家都无所谓,安于现状,不对它进行改善。一个组织没有进步,重要的原因就是这点做得不好。大家都不想改善,而你却做到了,你就同他人不一样,上司也会喜欢你,看重你。

在日常生活中,待人处事也应做到知己知彼,见什么人说什么话。对不同的领导运用不同的交往手段,随机应变,才能事事顺遂。比如,在和领导相处时,就要根据领导的性格特点和其好恶,对自己的为人处事方式作一些必要的修正,以便迅速赢得领导的好感,建立起一定的感情基础。在此基础上,领导才会有兴趣深入了解和考查你的才干,并使你"英雄有用武之地"。

周舟为人热情, 很善于和各种各样的人打交道。在调到一个新单位后,他首先想到的是如何赢得领导的好感和赏识。在作了一番调查后,他得知领导为人保守就毅然舍弃了自己中意的发型、休闲装扮,而以循规蹈矩的新形象出现在领导面前。

在初步赢得领导的好感后,周舟就想发挥自己热情、乐于助人、慷慨大方的优点,主动与领导交往,建立友谊。不料,领导为人孤僻多疑,喜欢独处,对周舟的热情颇不习惯。周舟碰了几次壁后,就决心改变策略,去顺应领导的性格特点,不再经常围着领导转。

后来,周舟发现领导有一个最大的爱好——打羽毛球,于是他就苦练了一段时间的球艺,然后频频在领导常去的一家俱乐部露面,并每次都是和领导在一起对阵、切磋球艺。此举果然奏效。在球来球往中领导渐渐放松了心理防卫,与周舟成为朋友。

经过一番交往,领导了解了周舟身上的优点和才干,在工作中对他予以重用。周舟投其所好,出色地把自己推销给领导,从而赢得了事业上的成功。

由此可见,投其所好,曲意逢迎不仅是一种做官的手段,更是一种高超的做人方法。

在职场中有很多上司都喜欢以“管家婆”的姿态出现，无论大事小事，他都要亲自过问，并插手干预，他的一切言行就是命令，这样的上司实际上已到了过分专制的地步。

如果你遇到这样的上司，你一定会时常感到精神总是处于紧张状态，很难在工作中获得成就感。所以，你必须努力争取自己的权益，以真诚坦率的态度对上司说出心中的话，尝试与朋友挚诚相待，看看他究竟有什么忧虑，或是由于什么原因总是对下属缺乏信任。你要相信，你的上司也是一个普普通通的人，很多时候也需要人家的肯定，肯定他的人生价值与成就。倘若他对任何一件事都表现出放心不下的态度，你就要尽量想办法让他感到安心，而最好的方法莫过于主动向他报告你的工作进展情况，让他对一切明了如镜。

上司的心中往往有些疑虑：下属每天好像都很忙，但又不知道他们在忙些什么。因而下属一定要主动报告自己的工作进度，让上司放心，不要等事情做完了再讲。有时小小的一点错误发展到后面很有可能就会变得很大，所以最好早早地向上司汇报你的工作进度，一旦有错误，他可以及时地纠正你，避免犯大错误。

作为一个下属，你有多少次主动向上司报告你的工作进度？须知，经常地向上司报告，让上司知道你的工作进度，让他放心，才能让他继而对你产生好感。对上司来说，管理学上有句名言：下属对我们的报告永远少于我们的期望。可见，上司都是希望从下属那里得到更多的报告。

因此，下属越早养成这个习惯越好，相信你的上司一定会心情舒畅许多，对你再也不是那样虎视眈眈，你与上司的合作一定会渐趋于轻松愉快。

一个上司，无论职位有多高，他毕竟是人，不是神，所有正常人的七情六欲，喜怒哀乐都会在他的身上体现出来。正如《孙子兵法》上所说的那样：“知己知彼，百战不殆。”假如你对自己上司的秉性有了充分的了解，就会为你以后的行动打开了方便之门。因此，你有必要对自己上司的品行特征作点必要的总结归纳，从而成为自己与之相处的指南。

当然在职场上不要整天去揣摩领导、上司的意图，围着上司转，处处溜须拍马。但只要你仔细观察,便不难发现,现实生活中,上司说你行,你就行,不行也行的现象太多,人们必须学会“知上,识下”,尽量不要“哪壶不开提哪壶”,才能避免“说不行,就不行,行也不行”的难堪。

下面列举几点与上司相处的建议:

了解上司

兵家说:知已知彼,百战不殆。在职场中也一样,对上司的背景、工作习惯、奋斗目标及他喜欢什么、讨厌什么等等了如指掌,当然于你大有好处。一个精明强干的上司欣赏的是能深刻地了解他,并知道他的愿望和情绪的下属。

倾　听

在与上司交谈时,我们通常很紧张地注意着他对自己的态度是褒是贬,当上司讲话的时候,要排除一切使你紧张的意念,专心聆听。眼睛注视着他,不要呆板地埋着头,必要时作一点记录。他讲完以后,你可以问一两个问题,真正弄懂他的意图。记住,上司不喜欢那种思维迟钝、需要反复叮嘱的人。

做好自己分内的事

任何一个上司都不喜欢他的下属不能按时完成任务,没有比不能解决自己分内问题的职员更使经理浪费时间的事情了。解决好自己面临的困难,有助于提高你的工作技能,打开工作的局面,同时也会提高你在上司心目的地位。

积极工作

成功的领导者希望下属和他一样,都是乐观主义者。有经验的下属很少使用“困难”、“危机”、“挫折”等术语,他把困难的境况称为“挑战”,并制定出计划以切实的行动迎接挑战。

在上司前谈及你的同事时,要着眼于他们的长处,而不是短处。否则将会影响你在人际关系方面的声誉。

遵守诺言

只要你的长处超过缺点,上司是会容忍你的。他们最讨厌的是不可靠,没有信誉。如果你承诺的一项工作没兑现,他就会怀疑你是否能守信用。如果工作中你确实难以胜任时,要尽快向他说明。虽然他会有暂时的不快,但是要比到最后失望时产生的不满要好得多。

编者小语

每个人都有自己的性格,每天有三分之一的时间都要与上司在一起相处,难免不与自己有种种性格冲突。所以,无论如何知己知彼是极其重要的,在表现自己之余必须与形形色色的上司融洽相处,因人施事,才会有好果子吃。

做个明智的职场人

在现代交际中，只有明智的人才能够掌握生活的真谛，在职场中只有做个明智得体的好员工，才会使你变得更有味道。

在众多的企业员工中，不乏具有优雅、干练的职业形象的白领，或有出色工作技能的人，但这些人要想在职场中游刃有余，仅靠个人形象的好坏以及工作成绩的优劣，是完全不够的。在注重个人内外兼修的同时，我们还应该善于经营人际关系，注意为人的口碑，确保自己可以在与同事交往中能够游刃有余。“职场友谊”一个容易被人忽略的因素，在关键时候可以给我们一个成功的支点！

有句成语叫作“志同道合”，只有共同的爱好、兴趣才能让人走到一起。

小金所在的单位大部分同事都是女性。中午吃饭时的短暂休息时间，同事们往往会聚集在一起谈天说地，可惜小金总感觉到插不上嘴，起初的一段日子只能在旁边听着。女同事们喜欢谈论的话题无非集中在衣服、美容上面，即使不懂时装的流行趋势，也不妨碍他与女同事的交流。不过要想和这些女同事搞好同事关系，首先得强迫自己去接受她们的一些感兴趣的事和爱好。于是，小金每天开始都“有意识”地关注打折这方面的消息和新闻，遇到合适机会甚至还和女同事们一起去逛商场。有了共同话题后，他和同事相处容易多了，每次和她们闲聊的过程中，也会将自己在工作中的一些感受和他们进行交流，使得他们之间的工作友谊增进了不少。

职场上人人都有秘密，如果同事能将自己的隐私告诉你，那就说明同事对你足够的信任，你们之间的友谊肯定要超出别人一截，否则谁也不会将自己的私密向你全盘托出。假如同时在别人嘴中听到了自己的私密被公开曝光，不用说，他肯定认为是你出卖了他。被出卖的同事肯定会在心里不止千遍地骂你，并为以往付出的友谊和信任感到后悔。因此，不随意泄露个人隐私是巩固职业友情的基本要求，如果这一点做不好，恐怕没有哪个同事敢和你推心置腹。

下面是几点身为一个明智的员工应注意的事项：

低调处理内部纠纷

在长时间的工作接触中，与同事产生一些小矛盾是很正常的。在处理这些矛盾的时候，要注意方法，尽量不要让你们之间的矛盾公开激化。办公场所也是公共场所，同事之间难免会因工作而产生一些小摩擦，千万要理性处理摩擦事件，不要表现出盛气凌人的样子，非要和同事作个了断，分个胜负。退一步讲，就算你有理，要是你得理不饶人的话，同事也会对你敬而远之的，觉得你是个不给同事余地、不给他人面子的人，以后也会在心中时刻提防你，这样你可能会失去一大批同事的支持。此外，被你攻击的同事将会对你怀恨在心，你的职业生涯又会多上一个“对手”。

闲聊应适可而止

在办公之余，同事之间相互在一起闲聊是一件很正常的事情。而许多人，特别是男同事在闲聊时，多半是为了在同事面前炫耀自己的知识面广，同时向其他同事传递这样一个信息，那就是：你们熟悉的，我也熟悉，你们不熟悉的，我也熟悉！其实这些自诩什么都知道的人，知道的也只不过是皮毛而已。大家只是互相心照不宣罢了。而作为女性的你，要是想满足自己的好奇愿望，来打破沙锅地向对方发问的话，对方马上就会露馅了，这样闲聊的时间自然不会太长。这样，不但会扫了大家的兴趣，也会让喜欢“神侃”的同事难堪；相信以后再闲聊的时候，他们都会有意无意地避开你的。因此,建议各位女性朋友,在任何场合下闲聊时,不求事事明白,问话适可而止,这样同事们才会乐意接纳你。

切忌随意伸手借钱

在同事们的印象当中,王娜是一个大大咧咧的人,无论是关系很好的同事还是关系一般的同事,她都能随便开口向他们借钱。有时同事的确身边没带钱,王娜就会当面埋怨同事不够交情,觉得都是同事一场,借点钱都这么困难,原来同事关系都只是表面功夫。被借钱的同事则觉得友谊出现了杂质,甚至担心自己的钱借给她会不会有去无回。特别是有一次,王娜没有如期将钱还给同事,同事立即对她产生了反感。王娜反倒认为自己不能按时还钱不是她的本意,同事之间遇到点困难,难道不应该伸出援助之手吗?就是由于随意借钱和不及时还钱的毛病,让王娜很快在同事中间失去了人缘。因此,不在万不得已的情况下,我们切忌随意向别人伸手借钱,即使借了钱也一定要记得及时归还。

牢骚怨言要远离嘴边

有些人无论工作在什么环境中,总是怒气冲天,牢骚满腹,总是逢人就大倒苦水。尽管偶尔一些推心置腹的诉苦可以构筑出一点点办公室友情的假象,不过像祥林嫂似的唠叨也会让周围的同事苦不堪言。也许你自己把发牢骚、倒苦水看作与同事们真心交流的一种方式,但过度的牢骚怨言,会让同事们感到既然你对目前工作如此不满,为何不跳槽,去另寻高就呢?

得意之时莫张扬

每当自己工作有成绩而受到上司表扬或者提升时, 不少人往往会在上司没有宣布的情况下,就在办公室中飘飘然地四下招摇,或者故作神秘地对关系密切的同事细诉。一旦消息传开来后，这些人肯定会招同事嫉妒，眼红心恨，从而引来不必要的麻烦。当然，除了在得意之时不要张扬外，失意的时候也不能在公开场合下向其他人诉说上司的种种不对，甚至还要牵连其他同事，抱怨他们也犯了同样的错误怎么不被惩罚等等。如果这样的话，不但上司会厌烦你，同事们也会对你恼怒，你以后在单位的日子肯定不好过。所以，无论在得意还是失意的时候都不要过分张扬，否则只能给工作友谊带来障碍。

不私下向上司争宠

要是有人喜好巴结上司，向上司争宠的话，肯定会使其他同事看不惯而影响同事之间的工作感情。要是真需要“巴结”上司的话，应尽量多人相约一起去“巴结”上司，而不要在私下里作一些见不得人的小动作，让同事怀疑你对友情的忠诚度，甚至还会怀疑你人格有问题。以后同事再和你相处时，就会下意识地提防你。因为他们会担心平常对上司的抱怨会被你出卖，借着打小报告而爬上领导岗位。一旦你被发现出卖了同事的话，那么你们之间的友情即会宣告完结，就连其他想和你交朋友的人都不敢靠近你了。因此，不在私下向上司争宠，也是确保同事之间友谊长久的方式之一。

编者小语

职场里事情千变万化，每一分钟都在发生着改变。而且这是个由人组成的场所，每个决定都可能会在别人身上造成不同影响，各种力的回馈，将使你迷失方向。所以每个员工都要保持明智，以免受到不必要的麻烦。

让"小报告"离你而去

曾听到一位老职员说过这样一句话，办公室有时候就像一个家，大家为了同一个目标在这里相遇，在这里奋斗；办公室有时候也像一个战场，为了同一个位置大家会展开你死我活的争斗，此时，一些品行不端的人会向上司打"小报告"。

"小报告"并不是现代职场特有的现象，它在古代就已经存在，不过那时还没有这个名称，人们一般习惯称之为"进谗言"：所谓"谗言"就是说别人的坏话。之所以称"进"，大抵因为要说别人坏话，当然有一定的目的，为了实现这个不可告人的目的，谗言就要讲给足以影响"被谗者"命运的人听，这种人一般不是官高便是上司。把谗言讲给这些地位高的人听，所以称之为"进"。

在职场中，"小报告"都是打给领导听的，如果领导是一个实事求是的人，这种"小报告"也起不到多大作用，但如果领导是一个黑白不辨、易听信他人的人，"小报告"就会对被诬陷者构成威胁。

在与人相处时，难免会有得罪他人之处，如果被你得罪的人是"小人"之流，你不得不防他在领导面前进你的"谗言"。

一般而言，那些散布流言蜚语打"小报告"的人，为了使自己编造的"谎言"发挥出正常的功效，总是要研究人们的心理。他们这些人在陷害人的实践中，也逐渐"摸索"到这样一个规律：从总体来说，第一印象对一个人是至关重要的，一经形成，常常会积淀为一种思维上的定式，比如说，某人对张三并没有什么特别的印象,既没有好感,也没有恶感。如果在这时,有人对他说张三其人是如何品行不轨、道德败坏等等,那么,他即使是对于该人的话并不言听计从,可是,在内心深处却着实地对张三的人品如何打了个大大的问号,心理上也对其呈现出恶感的苗头;及至张三自己或者另外的人再为之辩白,说那些攻击张三品行的话语纯系无中生有,颠倒黑白,这时已经晚了。这是因为,这些观点同前面形成的第一印象发生了冲突,所以就很难发挥作用;除非这个后来的印象特别强烈,或者不断地进行多次重复,才有可能改变或冲淡先前的第一印象。这就好比是一张白纸,第一笔画总是清清楚楚,若要在画过的纸上作画一幅,那么所耗的力气则不知要大多少倍,而且原先白纸上已形成的影像也很难完全彻底地消除。

那些善于打“小报告”的人正是抓住人们的思维和心理上的这一特点,想方设法地做到捷足先登,先发制人。而被“暗箭”伤害的人往往由于疏于防范,棋输后手,所以大多处于辩证的不利地位,有些人甚至连辩证的机会都没有,白白地被人坑了一下。

我们知道,先发制人的厉害,在于告黑状的人抢了先手。但是,如果是有可能被诬陷的人事先采取措施,积极进行自我保护,或者是一闻风吹草动,就积极行动起来,自己抢夺了先手,局势岂不完全改观了吗?所以,对于防范和反击“小报告”的每个人来说,要做到克敌制胜,就不能总是“棋输后手”,也应该积极地行动起来,在那些打“小报告”的恶人告“黑状”之前,抢夺先机,从而击败流言蜚语对自己的造谣和诬蔑。

一家公司的前台小莉,她就遭遇过被同事打“小报告”的事情。

有一次,老板需要一份表格,内容是关于固定资产、应收应付款之类的。这是会计小赵做的事情,而且老板也的确交代给小赵了。可是小赵却非要小莉帮他把表格做好,然后他直接填数字,用的还是命令式的口气。

小莉当然不乐意了。一来小莉不是他下属,二来这不是小莉份内的事情。小莉只负责前台事务,同时兼任一部分文秘工作。就这样,会计小赵打电话给老板说小莉真懒,让小莉打份表格都不干……

小莉蒙了:“就这点小事都打我‘小报告’?况且要说懒的人应该是他

吧！自己的事情丢给别人去做。”

严格说起来这件事的确是会计的不对，这毕竟是他份内的责任。

但是有句话说，大公司做事，小公司做人。这是因为在大公司什么事情什么人做有很明确的界限规定，部门之间的配合与管理也有清晰的标准。但是小公司就不见得了，不同岗位的界限有时候是很模糊的。需要相互配合的事，可以你多做一些，也可以他多做一些。这时候人际关系的好坏对于工作结果就有直接影响了。试想一下，若是一位平时与你关系很好的同事，委婉地表示他忙不过来，客气地请你帮忙做一下表格，也许你就很难拒绝。

这也可以说明，小莉对会计的拒绝含有情绪色彩。为何不平缓自己的心情，往好处想一想呢？作为职位较低的前台，应该没有太多工作经验，在能力所及时多做一些事情并没有坏处。做一份表格，一来给了小赵一个人情，二来可以让自己熟悉相关知识，三来说不准通过这件事情，还可以发掘自己当会计的潜力，何乐而不为？如果做好了，给小莉带来的只会有好处。

那么面对“小报告”，我们该怎么办呢？

首先，采取“针锋相对”的对策防范和反击“小报告”最为要害之处是选准目标，并且针对滋事生非的人的行为，采取公开论战的方法，对其所散播的流言蜚语进行大胆揭露和果断批驳，贬斥其所做的这种卑劣行为。这就要求：主动出击，把所发生的事情的原委具体客观地公布给大家，使人们对此都有一定知晓，与打“小报告”的人进行公开论战，把客观事实与那些偷偷摸摸上报的“黑材料”以及背后的各种不实之辞等都摆到桌面上来；帮助和引导人们把正确的客观事实与“黑材料”相互对比、推敲，参照。这样一来，那些所谓某些人所提供的“材料”、“报告”、“证实”和“肺腑之言”等等的真假虚实也就昭然若揭了。

其次，利用第三者来对付小报告，可以给人们一种真实可靠的印象。假如没有比较超脱的旁观者勇敢地介入，谗言是很难被拆穿的。

最后，奸佞之人打“小报告”、“告黑状”诬陷他人，总是想方设法抓住被侵害者身上的一点把柄，然后无限夸大，使劲攻击，这是那些喜好挑拨离间、搬弄是非之辈的做法。然而，俗话说：身正不怕影子歪。假如为人办事都做到实事求是，口说老实话，身行老实事，襟怀坦荡，正直无私，做一个值得信赖、值得重用的人，那么，奸邪之人就不敢有非分之心，谗佞之徒也难以抓住打“小报告”诬陷害人的把柄，因而，也就远离了一切罪恶之源，避免了祸患的发生。

编者小语

那些善于制造“小报告”的人正是抓住人们的思维和心理上的这一特点，想方设法地做到捷足先登，先发制人。而被暗箭伤害的人往往由于疏于防范，棋输后手，所以，大多处于辩诬的不利地位，有些人甚至连辩诬的机会都不可得，白白地被人坑了一下。

从容应对下属的冲撞

下属的冲撞，是每一个管理者都不希望遇到但又无法回避的问题。面对这种情况领导者如何对待它，才可能使之“由坏事变成好事”呢？请看下面一则故事：

小赵在一家工厂工作，主要负责车间生产，有一天，因为产品上一个零件没有到位，导致生产流水线停工。小赵询问物料部门后才知道，物料最快也要到晚上八点才到。看到近来员工都挺辛苦的，小赵就安排每个班组留一个员工清理、整理各班组场地，其余的员工全部下班。

这时小赵的顶头上司来了，他听完小赵的汇报后，断然说：“不行，不行，其他员工不能下班，没事情做，在车间玩也可以。”还用一种不容商议的口气地命令小赵，必须按他说的要求去做。因为上司的指示小赵认为没有道理，就据理力争，接下来难以自控地与上司发生了激烈的争吵，双方都暴跳如雷。

之后，小赵的工作依然像以前一样忙碌，上司也没有再提什么，小赵也将这件事慢慢淡忘了。可是每次同事获得加薪或晋升，还有每个月的绩效考核小赵总是排在最后、每次公司发奖金小赵却次次靠边站。

最后，小赵不得已选择了离开。离开公司的那天，他的内心很平静地跟上司谈了自己的想法和原因，然后客气地相互祝愿。但临走的一刻，他还是忍不住问了上司：“我一次次地晋升无望是不是因为那件事？”上司先是摇了摇头，之后又肯定地点了点头，说：“你要记住，没有哪个上司愿意被下属当众顶撞,哪怕是只有一次! ”

上面故事中的小赵由于顶撞上司而付出了很大的代价，同时也告诉我们:没有哪个上司愿意被下属当众顶撞,哪怕是只有一次。但是,在现实社会中，下属与上司的关系并非故事所述的小赵与他上司的关系那么简单。而且,在任何一个单位,领导受到下属的顶撞都难以避免。遭遇下属的顶撞是多数领导常会遇到的难题，处理不好会深深地给本人和下属带来伤害,需要领导从容应对。

顶撞是领导者在与下属交往中难以避免的,关键是对此要心胸开阔,特别是领导,要有一定的高姿态,有些下属“吃软不吃硬”,你用这种高姿态对待他,很难将化干戈为玉帛。一旦被下属顶撞,领导者该怎么办呢?首先要弄清原委。顶撞发生之后,领导者的当务之急是要迅速查明原因,以便对症下药。然后根据不同情况、不同对象,采取不同的方法进行处理。

首先,如果顶撞者的意见有可取之处,被顶撞的领导应当以宽广的胸怀和诚恳的态度,主动接受其意见,切不可明知自己不对,还装出一副正确的样子,盛气凌人,根本不把下属的意见当作一回事;如果顶撞人的意见是错误的,被顶撞的领导也不能因为自己的意见正确就任意地训斥人。而是要针对顶撞者错误的地方,晓之以理,动之以情,耐心地说明和解释,让他心服口服。

其次,下属顶撞领导时,往往心情激动,精神紧张,有的甚至失去理智,不能自制,因而会出现言辞过激、声音过大等现象。对此,被顶撞的领导者应尽最大努力克制自己的情绪,始终保持冷静的态度,仔细分析下属顶撞的意见后,再选择适当的时机,采取适当的措施。只有这样,才能避免矛盾的扩大和发展,变被动为主动。

第三,有的下属脾气暴,性情急,对某些自己看不惯的事情常常发牢骚。你要是批评他就跳槽,有的甚至故意用激将法,引你发脾气,动肝火。对这种人的顶撞不要以硬碰硬,而应采取委婉的态度,先表面上将他的顶撞意见接受过来,然后再把他往正确的方面引导,待他火气渐息,再言轻意重地指出他的不对之处。由于这种人,大都心直口快,所以一旦他们明白了事理,也就不会固执己见了。

第四，有些人因为没有达到个人目的，存心要找茬，刁难领导，明知自己不对，却要强词夺理，无理取闹，胡搅蛮缠。对这种人不能让步，而应义正词严，对他进行严肃的批评。

最后，有的下属依仗自己有后台、有靠山，不把顶头上司放在眼里；有的则以为自己资历深、年龄大，摆老资格，瞧不起比自己年轻的领导。这些人遇上领导批评时，少不了要发生顶撞现象，以为领导奈何他不得。对待这种顶撞，既不要轻易地让步，也不要针锋相对地反顶撞，而应从侧面人手指出他的不对，言在此而意在彼，表面上我不气不恼，言辞话语中却是内外分明。这样做，既不伤他的自尊心，照顾了他的面子，又使他明白了道理。

编者小语

许多善于缓解和正确处理顶撞现象的领导者，还与以前顶撞过自己的部属结成了知心朋友，甚至“不顶不相识”，从而发现了部属的某些长处，以后还委以重任。随着领导者领导艺术和忍耐修养的提高，不仅部属顶撞领导的现象会逐渐减少，即使出现了也会得到妥善圆满的解决。